国家出版基金项目
NATIONAL PUBLICATION FOUNDATION

他们鉴证了文明 第一辑
非遗公开课

国家图书馆中国记忆项目中心 编著

天津出版传媒集团
天津人民出版社
百花文艺出版社

图书在版编目（CIP）数据

他们鉴证了文明.第一辑.非遗公开课/国家图书馆中国记忆项目中心编著.——天津：百花文艺出版社：天津人民出版社，2023.6
ISBN 978-7-5306-8601-0

Ⅰ.①他… Ⅱ.①国… Ⅲ.①非物质文化遗产—中国—文集 Ⅳ.①G122-53

中国国家版本馆CIP数据核字(2023)第116991号

他们鉴证了文明（第一辑）：非遗公开课
TAMEN JIANZHENG LE WENMING(DI-YI JI)：
FEIYI GONGKAI KE

国家图书馆中国记忆项目中心 编著

出 版 人：薛印胜
总 策 划：刘 庆 杨 舒　　策划编辑：赵子源
责任编辑：赵 芳 伍绍东 康悦怡
装帧设计：王 烨 汤 磊 姚立扬
出版发行：百花文艺出版社
地　 址：天津市和平区西康路35号　　邮编：300051
电话传真：+86-22-23332651（发行部）
　　　　　+86-22-23332656（总编室）
　　　　　+86-22-23332478（邮购部）
主　 页：http://www.baihuawenyi.com
印　 刷：河北鹏润印刷有限公司
开　 本：787毫米×1092毫米　1/16
字　 数：245千字
印　 张：18
版　 次：2023年6月第1版
印　 次：2023年6月第1次印刷
定　 价：108.00元

如有印装质量问题，请与河北鹏润印刷有限公司联系调换
地　址：河北省沧州市肃宁县宏业路一号
电　话：0317-7587755
版权所有　侵权必究

主　　编 田　苗

执行主编 郭比多

副 主 编 韩　尉　戴晓晔

分卷主编 杨秋濛《非遗传承人故事(上)》

　　　　　　张　琛《非遗传承人故事(下)》

　　　　　　王春丽《非遗公开课》

本卷主编 王春丽

本卷整理 诸国本　樊祖荫　孙建君　张　刚
　　　　　　李东晔　宋本蓉　郭比多　刘东亮
　　　　　　王春丽　刘芯会　岳梦圆　张弼衍

微信扫描二维码观看
国家级非物质文化遗产代表性传承人记录工作成果
非遗影像公开课

刘则亭——古渔雁民间故事	主讲：张庆善
朱小和——四季生产调	主讲：张庆善
潘萨银花——侗族大歌	主讲：樊祖荫
吴家兴——侗族琵琶歌	主讲：樊祖荫
秦梦雨——秧歌（昌黎地秧歌）	主讲：梁力生
邓　虹——花鼓灯（凤台花鼓灯）	主讲：梁力生
刘永周——皮影戏（腾冲皮影戏）	主讲：张　刚
曾金贵——湘剧	主讲：张　刚
刘永安——木偶戏（邵阳布袋戏）	主讲：王　馗
郑兰香——婺剧	主讲：王　馗
徐忠德——汉川善书	主讲：吴文科
沈少三——撂石锁	主讲：崔乐泉
牛玉亮——口技	主讲：崔乐泉
郭泰运——朱仙镇木版年画	主讲：孙建君
冯庆钜——杨柳青木版年画	主讲：孙建君
季克良——茅台酒酿制技艺	主讲：周嘉华
王阿牛——绍兴黄酒酿制技艺	主讲：周嘉华
薛生金——平遥推光漆器髹饰技艺	主讲：宋本蓉
李成杰——中药炮制技术（四大怀药种植与炮制）	主讲：诸国本
桑　杰——藏医药（七十味珍珠丸赛太炮制技艺）	主讲：诸国本

惟文有续　故思无邪

是谁首次吹响了贾湖骨笛上的五声音阶？是谁绘制了仰韶陶器上第一幅的红彩图案？我们不得而知。但我们知道，作乐的人叫伶伦，造字的人叫仓颉。当眼前出现《贵妃醉酒》的影像，我们知道那是梅兰芳的芳华；当耳畔响起《二泉映月》的录音，我们知道那是阿炳的绝唱。

我们知道，是历史上所有知名和不知名的先辈，创造了中华民族伟大的文化，并通过一代又一代的坚守，将中华文脉传承至今，形成了磅礴灿烂的非物质文化遗产。

我们还知道，如果孔子当初没有历尽艰苦辑录各地民歌，我们今天就无法读到《诗经》中的"十五国风"；如果杨荫浏先生没有在1950年提着钢丝录音机寻访到阿炳，我们今天也就无法听到《二泉映月》的千古绝响。对非物质文化遗产的记录，与非遗的活态传承同等重要。非遗的建档记录工作，是非遗保护的基础性工作，是确保非遗存续力的重要措施。

非遗的建档记录，让非遗从活态变为文献态，不仅能传之千年，还能化身千百，使之成为全民族乃至全人类共同享有的文献资源；非遗的建档记录，还能够反哺非遗活态传承，记录行为提升了社区对自身所持有遗产的认同感，记录成果为人们学习、研究和传承非遗提供了资料，也为依托非遗进行创造性转化、创新性发展提供了资源，从而让非遗更好地服务当代人的生产生活，促进不同文化背景的人们互赏互鉴，助力全人类的可持续发展。

自2015年开始，我国启动了非遗记录工程。这是一项全国性的非遗保护基础性工作，其目的是对所有国家级非物质文化遗产的代表性项目与代表性传承人进行系统、全面、持续的建档记录。作为该工程的重要组成部分，国家级非遗代表性传承人记录工作旨在对传承人进行影音图文的全面文献记录。这是一项和时间赛跑的工作——要抢在传承人年华老去之前，将其身上的技艺与心中的记忆保存下来。自2007年开始，我国文化主管部门先后认定了五批国家级非遗代表性传承人。截至2022年，国家级非遗代表性传承人共三千零五十七位。国家级非遗代表性传承人记录工作自启动以来，截至2023年上半年，已开展二千一百余位、完成一

序　言

千零四十位传承人的记录工作。这些记录成果将永远保存在国家图书馆和有关单位，作为非遗建档记录的中国实践，在人类遗产宝库中持续闪耀出中国智慧。

自2015年开始，我和国家图书馆中国记忆项目中心的同事有幸与全国的非遗保护工作者一起，参与到这项振奋人心的事业中来。多年来，我们见证了非遗记录工作的初创与发展，见证了一位位非遗保护工作者的热情与艰辛，见证了一位位传承人年华的老去，也见证了留存在记录成果中传承人不朽的芳华。他们是中华文化的传承者，也是中华文明的守护人。他们承载着文化，他们鉴证了文明。

2020年，疫情袭来。在全民抗疫的日子里，我们一直在思考该用怎样的内容安抚人们的内心，鼓舞人们的斗志。最终，我们决定选取当时已经完成验收的记录成果中四十七个优秀项目，参考其中内容编写成四十七篇传承人的故事，并从2020年3月开始陆续发表在国家图书馆微信公众号上。在当年的文化和自然遗产日期间，我们还邀请到十一位非遗保护领域的权威学者，对记录成果进行了解读，形成了一套共二十讲的非遗影像公开课。此次结集出版的三本图书，正是上述两部分工作。

为什么要编选《诗经》？孔子的答案是"思无邪"。对传统文化的记录与保存，最终目的是保存人们心中的善良与纯真，留住人们心底的那份温情、那份感动。让我们的孩子，还能吃上小时候姥姥给我们包过的饺子；让我们的孩子，还能听到爷爷曾经讲给我们的故事。当他们游戏玩耍的时候,仍能唱起我们儿时哼唱的歌谣;当他们仰望星空的时候,还能认出哪颗是牛郎星,哪颗是织女星。今后,我们将继续做好非遗记录工作,并进一步推动记录成果的保存、服务与转化。让曾经感动我们的,继续感动我们的后代;让曾经塑造我们的,继续塑造我们的未来。让每一代中国人都能记住:中国是这样的,中国人是这样的。

  年华易老,技忆永存。

  惟文有续,故思无邪。

田　苗

2023 年 6 月

于国家图书馆学津厅

目 录

001　第一讲　刘则亭与古渔雁民间故事
　　　　　　张庆善　主讲

015　第二讲　朱小和与四季生产调
　　　　　　张庆善　主讲

025　第三讲　侗族大歌
　　　　　　樊祖荫　主讲

037　第四讲　吴家兴与侗族琵琶歌
　　　　　　樊祖荫　主讲

045　第五讲　秦梦雨与昌黎地秧歌
　　　　　　梁力生　主讲

059　第六讲　凤台花鼓灯
　　　　　　梁力生　主讲

071　第七讲　刘永周与腾冲皮影戏
　　　　　　张　刚　主讲

087　第八讲　曾金贵与湘剧
　　　　　　张　刚　主讲

099　第九讲　刘永安与邵阳布袋戏
　　　　　　王　馗　主讲

111　第十讲　郑兰香与婺剧
　　　　　　王　馗　主讲

121　第十一讲　汉川善书
　　　　　　　吴文科　主讲

133　第十二讲　沈少三与摔石锁
　　　　　　　崔乐泉　主讲

147　第十三讲　牛玉亮与口技
　　　　　　　崔乐泉　主讲

159　第十四讲　郭泰运与朱仙镇木版年画
　　　　　　　孙建君　主讲

179　第十五讲　杨柳青木版年画
　　　　　　　孙建君　主讲

203　第十六讲　季克良与茅台酒酿制技艺
　　　　　　　周嘉华　主讲

217　第十七讲　王阿牛与绍兴黄酒酿制技艺
　　　　　　　周嘉华　主讲

229　第十八讲　平遥推光漆器髹饰技艺
　　　　　　　宋本蓉　主讲

251　第十九讲　李成杰与四大怀药种植与炮制
　　　　　　　诸国本　主讲

263　第二十讲　七十味珍珠丸赛太炮制技艺
　　　　　　　诸国本　主讲

275　后　记

第一讲

刘则亭与古渔雁民间故事

张庆善 主讲

张庆善

张庆善（1952— ），中国艺术研究院原党委书记、副院长，研究员、博士生导师，中国红楼梦学会名誉会长，国务院政府特殊津贴专家。曾任中国艺术研究院红楼梦研究所所长、中国非物质文化遗产保护中心常务副主任等。编著有《漫说红楼》《红楼梦中人》《惠新集——红学文稿选编》《非遗碎墨——张庆善非遗保护文集》等。国家级非物质文化遗产代表性传承人记录验收工作专家组组长。

漂在海上、根在生活的古渔雁

"古渔雁"这个名字,大家可能感觉很陌生,但提到"闯关东",大家就会非常熟悉。

当年闯关东的时候,很多山东人通过海路坐船到了东北。古渔雁民间故事与闯关东有关,只不过古渔雁这个特殊的群体,就像候鸟一样,是从河北出发,沿着一条水路到了辽河口二界沟。

二界沟距盘锦市六十千米,距大洼县三十五千米,西、南临海。自古以来,富饶的辽河口海域渔场,一直是古渔雁落脚打鱼的地方。它地处渤海辽东湾的北部,南起营口,西至葫芦岛。这个地方有大片的滩涂,有非常丰富的海洋资源,且有辽河等江河水注入,因而每年都有多种洄游的鱼虾在这里生长繁衍,非常利于渔民在浅水区捞鱼捕虾。远古以来,沿海打鱼人追逐着洄游的鱼虾,像天上的大雁一样,随着季节的变化而游动迁徙,在长期的发展过程中就形成了这样一个群体。这就是古渔雁的来历。

二界沟作为古渔雁的落脚点,陆路交通不便,主要以水路与外界往来,偏僻闭塞,也正因如此,千百年来积淀下的深厚的古渔雁传统保留至今。

古渔雁民间故事是古渔雁这个从事捕捞的群体的口承叙事,承载着他们对祖先、对大自然的崇拜以及生产、生活的各种习俗。

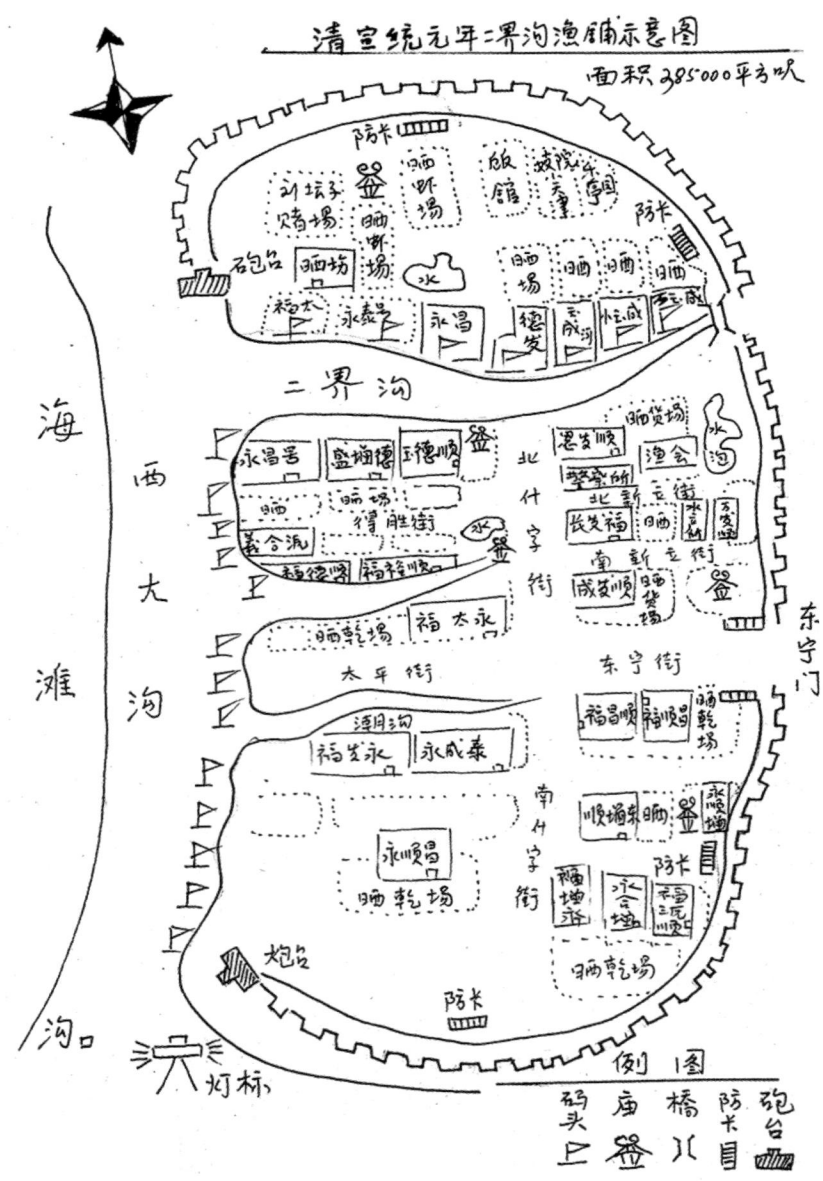

刘则亭整理的古渔雁迁徙路线图

古渔雁故事：过桅

从前，二界沟的家眷船打鱼人的婚礼习俗是很讲究的。早年间，辽河口二界沟的打鱼船，多是一根桅杆。在海上，有桅才能打篷走船。这些船又多是家眷船，一家老小全在船上，依靠打鱼过日子。船上的女孩大了要出嫁，男孩大了要娶媳妇。家在船上，办喜事也在船上进行，择吉日，选良辰，船头上贴对联，舱盖上贴福字，船桅上挂红灯笼。新媳妇穿新衣裳，坐在舱里打扮——船舱里一般是站不起身的，只能坐着。新娘坐在舱里化妆时，舱外站着两个陪伴新娘的小姑娘，一人一头扯着一块红布，遮着舱口，等到新娘从船舱里出来，这块红布就盖在新娘的头上。新娘在两个小姑娘的搀扶和朋友的陪伴下，走过自家船桅时，要向早就坐在船桅两旁的娘家父母和亲友三鞠躬后，才被搀扶着上了婆家的船。新娘到了婆家的船上，走过婆家的船桅，就站立在桅旁，新郎也早就站在桅的一旁等候着了。这时在主持人的主持下，新郎新娘一拜天海地，二拜祖宗，三拜爹娘，夫妻对拜，再拜船上的亲朋。来贺喜的亲朋好友也都是坐在船上吃喝的。晚上，新娘和新郎住进一间船舱里。在过桅和入洞房时，最吉祥不过的是老鸦（黑嘴鸥，海鸥的一种）飞来，这叫"添喜"。

添喜是指在结婚典礼拜天海地的时候，要有成群的海鸥飞在船旁。打鱼人家有个这样的说法，在结婚的日子里飞来老鸦，新郎新娘一定会白头到老、一生相伴、平安幸福。为了保障在结婚这个大喜的日子里，能有很多的海鸥飞来添喜，渔家人提前多天，就将船靠在沟边一个固定的地方，特意准备好新鲜的鱼虾，定时定点地往船边的滩上、水里撒，这样每天都引来不少的海鸥，日子一长，海鸥就按时按点地飞来。

据说，现在陆地上人们结婚习俗是从渔家结婚的过桅演变而来的，在结婚时撒花撒喜糖是从渔家结婚时撒鱼虾演变而来的。也不知道过去多少年、多少代，渔家后人的婚礼才慢慢地转为在陆上进行了，过桅和添喜的习俗也就消失了。

古渔雁故事中的价值观

很多渔民都会讲故事。国家级非物质文化遗产代表性项目古渔雁民间故事国家级代表性传承人刘则亭会讲的故事有一千二百多则。很早以前,他就在收集、整理相关故事、资料。他当时记录这些珍贵的故事,保存当年的遗物,完全是基于"文化自觉"。他凭着对古渔雁文化的喜爱,从祖辈、父辈那里收集了很多故事。

刘则亭收集的这些故事,让人感觉很亲切。小时候,海边尚有旧式渔具、锚这些东西,生产方式、生活方式发生很大变化以后,很多人把这些东西都丢掉了。刘则亭是有心人,把它们收集、保存了起来。

邵秀荣拍摄的部分与古渔雁相关的相册

刘则亭讲过一个女娲补天的故事:

古渔雁故事：女娲补天

那蓝汪汪的天是女娲补起来的。补天时，水多陆地少，一挪步就在水中，无法下脚补天，女娲就让打鱼人摇着船与她补天。摇呀补呀，补遍天涯，摇尽海角。天补好后，又怕不牢靠，女娲又让船上打鱼人捞水里的勃蛞牛递给她，她像按钉一般把它们按在天上，于是就留下了满天星。不信，夜里你看天，有的星星还在慢慢地爬动呢；有的勃蛞牛没有钉牢从天上掉下来，那就是人们看到的流星。

女娲补天后，在渔船上歇着，舱里太湿，就用一些木板子垫上，所以今天船舱里的板子还叫娲板。

女娲看随她补天的打鱼人一个个聪明能干，熟悉水性，不怕风高浪险，离船时带走几个去了陆地上，后来治水的大禹就是深识水性的古渔雁的后代。

这里有意思的是，不同的群体，当他们讲到同一个故事的时候，都会选不同的角度来跟自身建立一定的联系。因为任何民间艺术、民间文学和其他的艺术表现形式，都是一定的生产、生活方式的产物。古渔雁民间故事就是古渔雁这个特殊群体文化的一种形态、一种存在，当他们讲任何一个故事的时候，都与他们自己的生活有关系，比如女娲补天。

通常讲述女娲补天，会讲女娲用五彩石补天，创造这个世界。到古渔雁这里，他们在海上生活，赶海、打鱼，那些对天的崇拜与他们的生产生活联系在一起，这个时候他们最期盼什么呢？他们最期盼女娲这样的女神跟他们永远在一起，给他们带来吉祥幸福，更重要的是保护他们的安全。所以刘则亭的故事说，女娲不是在天上补天，而是在船上补天。

女娲从天上到了船上来补天，那怎么炼五彩石呢？这可能和大海有关系。

民间文学除了对祖先的崇拜以外，还崇拜一些神灵，女娲就是其中之一。

渔民们有的是在海边生活，有的是一家子在一条船上生活，可以说所有生活都在船上度过。人们除了打鱼以外,还要有自己的精神生活。古渔雁民间故事就和他们的精神生活有关系。船上有大人,还有小孩,因此除了讲大人的故事,讲他们怎样劳作,怎样打鱼,讲大海和人的关系以外,还要哄孩子,讲小孩和大海有什么关系,和船有什么关系,和赶海有什么关系。因此,这些故事就是生活的一种真实反映。

富饶的辽河口海域渔场,是古渔雁落脚的地方

古渔雁故事:橹的来历

从前在海上打鱼的人,也叫和弄盐水的鲁(卤)人。古渔雁相传,很古很古的时候,打鱼人中有一个鲁人。这鲁人懂木性,经他排的船,吃水轻,载货多,出水灵;这鲁人知铁性,他捻的铁钉、铁锯子等铁活,用在船上,船在大风大浪里不散板;这鲁人懂石性,经他打凿出的石锚,能随船的大小变,船大变大,船小变小。这还不算,

石锚还能报天气。北风要来了,锚身起白碱;南风要来了,锚身上出汗,人称"神锚"。这鲁人还有一手很好的泥瓦活。要知道,船上人在海里打鱼是要吃饭的,做饭就得用火,还得有锅台,在船舱里搭锅台干泥瓦活,鲁人也是位高手。砌船舱里的锅台,要比陆地盖房子还难,难就难在船在大风大浪里摔打,锅台不散台,火烧大了,不烤船板。鲁人在船舱里搭的锅台,没有一个人不夸的。

就是这么一个鲁人,有一件事把他难住了,这件难事就是走船。人们都知道,水里走船,一靠船篷,二靠船棹。要是没有风,篷就不中用了,而下网、起网的时候,使棹很不方便,容易挂网。一旦有点风浪,船被浪头举上浪尖,棹扇离水,失去棹力的船,很容易被风浪掀倒脚(翻船)的,为此,常常有打鱼人葬身鱼腹。要做出没风也能走船、有浪也能摇船走的桨,鲁人犯难了。这时候,鲁人身边有一个小女孩跳绳,一边跳绳一边唱:"花蛇尾马圆,善鱼尾马扁,一摇一摆水上游,一摆一摇水里钻。"鲁人听着听着,豁然开窍了,立即找来根圆棒,又找来一块木板,做成一个长尾巴连结在一起,安在船尾上,插进水里,一摇一摆,一摆一摇。还别说,小船在水面上噌噌地走了,顶着浪花走得也很快。鲁人乐了。

有人说,那个小女孩就是海上老母,是老母点化鲁人做成的船橹。后人为了纪念鲁人做橹,就把它叫作"橹"了。古渔雁还说,这个造橹的鲁人就是鲁班。

由于古渔雁民间故事受船和大海的限制,因此它和很多民间故事不太一样,一个突出特点就是简洁,没有长篇大论、宏大叙事,但生动活泼,贴近生活。因为他们一边干活一边讲故事,讲大海的故事,讲生活的故事,不可能长篇大论,有的可能是讲几分钟、十几分钟。有些故事是老一辈传下来的,有些故事可能就是他生活当中发生的事情,随口就把它讲出来。

刘则亭在20世纪70年代开始收集故事,拜访了很多渔民,收集到一些几乎没有人会讲的故事,例如《龙兵巡海》。

古渔雁故事：龙兵巡海

每年农历六月六一过，海里的龙王就派他的龙兵巡海。龙兵巡海干什么呢？是沿着海口（河口）一处一处地巡，巡查在一处处河口把门的鱼、虾、蟹、龟等，看看把门官是不是忠于职守，有没有为一方生灵干好事。如果查出有不干好事和失职的，报告龙王予以处置。经过龙兵巡查，发现好的守河口把门的鱼、虾、蟹、龟等，龙王不仅奖赏，还要封精或提升官职。辽河口是一对大青虾把门，这对大青虾忠于职守，为海口海域生灵着想，做了很多好事，因此被龙王封为虾精。古时候，打鱼船在海上一旦遇上龙兵巡海，夜里就点灯笼火把，白天遇上就敲渔鼓（鱼皮做的鼓）、敲渔锣、撒面粉、放鞭炮。一到农历六月六这一天，就在船上准备好了面粉、渔鼓、渔锣、鞭炮，提前放在舱里，准备着遇上龙兵巡海时用。一看到浪花翻腾，那就是龙兵来了，要放鞭炮、敲锣，离近了就撒面粉，一撒面粉，浪花就散开了，海面翻起一层油皮。有了这层油皮，龙兵也就退了。否则，浪花一来，船就容易被拱翻，这也是对自己小木篷船的一种保护。

龙，在中国的传统文化中是非常特殊的，给我们的感觉既神圣又亲切。龙与两个地方有密切关系：天空和海洋。刘则亭讲的这个故事很有意思：风大浪急，所以人们要和大海保持一种和谐，人们崇拜龙，祭祀龙，撒面粉，希望龙保佑平安。大家在一起干活，一边讲这样的故事，一边寻求内心的安慰，同时又享受到一种愉悦。

刘则亭和小孩子们讲的时候，跟和大人讲不完全一样。他更注重和孩子们之间的沟通。为了引起孩子们的兴趣，就要让孩子们懂得古渔雁民间故事和眼下生活是密切相关的，和你我都有关系。这样的讲法，孩子们就有浓厚的兴趣听。

刘则亭作为民间故事的传承人，在交流上非常有方法、有艺术性。面对不同的人群会用最适合他们的方式来讲故事。民间故事面对的对象就是民，就是那各色的老人、妇女和小孩，做事的人和不做事的人。刘则亭和他们没有距离感，很快就打成一片了。

夫唱妇随的古渔雁

刘则亭借助老照片，回忆以前的故事，讲一些他从老渔民那里听到的古渔雁的生活场景。这些照片有很多都是他的老伴儿邵秀荣拍的。他们在20世纪80年代就买了一台照相机。为了支持刘则亭做非遗保护，邵秀荣拍了很多非常珍贵的古渔雁照片。

渔民的生活场景，以前还能看到一些，后来都看不到了，特别是渔民一家人在船上的生活场景，还有，渔民早晨乘船到了岸边，然后大伙在一起卸鱼、交换或买卖。这种场景现在都没有了。那个时候，中国改革开放刚开始，他们用照相机把这些保存下来，对后人更全面更系统地了解古渔雁民间故事，以及这些故事与古渔雁生活之间的关系，确确实实有很大的帮助。刘则亭和老伴儿邵秀荣真是有心人，做了很了不起的事情，让古渔雁文化的研究越来越体系化。做这件事，要投入很大的精力，花很多的经费，如果没有老伴儿的理解和支持，他没法做下去。

部分与古渔雁相关的相册（邵秀荣摄影）

2004年,刘则亭从文化站站长的位置上退休。正是从这一年起,他开始大规模搜集古渔雁的民俗文物。这些物件加上资料,在刘则亭家里堆满了十六间屋子。基于这些收藏的实物,刘则亭的古渔雁博物馆成立了。

著名民俗学家乌丙安为博物馆题名。乌丙安也是辽宁人,是与刘则亭交往了十余年的老朋友,曾对古渔雁民间故事做过一些学术研究。2006年古渔雁民间故事被评为首批国家级非物质文化遗产代表性项目的时候,刘则亭说要成立非遗博物馆,乌丙安就建议叫"辽河口古渔雁文化遗产博物馆",因为这些收藏是双遗产,既是非物质的,也是物质的,随后又为博物馆题了字。这幅字被刻在石壁上,位于博物馆的门口。

乌丙安题字石壁

乌丙安对中国非物质文化遗产保护的倡导和推动起了非常大的作用。他八十多岁的时候,还奋斗在中国非遗保护第一线。古渔雁民间故事被成功保护,也和乌丙安有密切的关系。

刘则亭从一开始研究古渔雁民间故事,到后来扩展到研究古渔雁的历史,通过把很多的实物、照片和故事串在一起,形成一种对历史真实的还原。今天研究、保护古渔雁民间故事,就是为了研究我们的过去,研究和了解我们的祖先。所以,他通过资料的收集、文物的收集来研究自己的祖先,研究古渔雁这样一个特殊的群体,研究古渔雁民间故事这样一个独特的文化现象,确确实实有很大的价值。

古渔雁民间故事对我们今天有什么用呢?完全从功利目的来讲,那我爱听故事就听故事,不爱听故事就不听,可是如果把它当作一种文化来研究,就会深切感受到一种震撼,它记录了我们祖先生活的足迹。

古渔雁民间故事的研究、保存,不仅仅是保存住了民间故事,更重要的是保存住了一种历史的记忆,使我们和先人建立起更密切的联系,使我们对先人、对历史有更深入的了解。这种文化的保护对于我们个人、群体、社会,都是非常有价值的,它可以使我们增强民族自信心和自豪感,增强民族凝聚力。刘则亭讲到迁徙的时候,讲到河北,讲到他的先人怎么沿着一条线路来到东北、来到辽河口,那种感情油然而生、溢于言表。

民间文学的传承

任何文化形态都是一定的生产方式和生活方式的产物。我们今天的生活已经发生了很大的变化,当年古渔雁群体的那种生活今天可能越来越淡化,甚至慢慢就没有了,但是由它产生的文化会延续下去。这种文化对于我们的影响是潜移默化的,即使作为一个旁观者,当我们了解这个文化的时候,也会感到遥远的历史当中,曾经有这样一些痕迹,通过它可以了解到我们的先人从河北到了东北,可以了解到我们的先人在生产生活当中创造了这样一种具有深厚文化底蕴的民间故事。它可以使我们对民族、对生活的了解更深刻,亲近感也就油然而生。

比如说,将来我定居在这个地方的时候,这种文化会潜移默化地影响着我。随着一代一代人的传承,历史不会中断,记忆不会中断,我们的文化传统也不会中断。

民间文学的传承是不是有一些特殊的地方?的确是有的,比如它不是一成不变的,通过口口相传一代一代地讲述下来可能会有变化,而且它也没有很明确的师生关系、师徒关系。

民间文学是一个很大的概念,民间故事属于民间文学,民谣也属于民间文学,其共通点是传承方式基本靠口传心授,和文献记载不太一样。这种传承是一种文化传承,也是一种情感传承。

当把这些东西传下来的时候,即使不是古渔雁的后人,也会在这些口传心授当中,得到一种文化的熏陶和滋养。

民间文学太庞杂了,每一种表现形式都不太一样,保护方法肯定也不一样。就说古渔雁民间故事,刘则亭除了自己讲故事,还整理、出版这些故事,同时又通过收集实物,去呈现、还原故事产生的场景。这种保护方式被证明是有效的。刘则亭既让他女婿作为他的传承人,又自己给孩子们去讲,这也是一种传承。传承是多样化的,可以是家族传承,也可以是群体传承,还可以是进入学校传承,变成教育体系的一部分。

传承一方面要结合项目的特点,一方面要结合时代变化,有新的元素加入进去,同时又不能离开我们的生产、生活环境。比如说时代发生变化了,传承方式可能也要发生变化,但是不管以何种形式,传承是不变的,我们的目的就是要把现在能够保护下来的珍贵的非物质文化遗产,像古渔雁民间故事,更久远地保存下去,让我们的子孙后代都知道,我们的祖先曾经创造了这样一个独特的文化,有这样生动的民间故事。

(整理者:郭比多)

第二讲

朱小和与四季生产调

张庆善 主讲

上千年劳作的结晶

四季生产调是云南哈尼族一个非常重要的国家级非物质文化遗产代表性项目。它的重要性在于，它与哈尼族的生产、生活有着紧密的联系。有人说，四季生产调就是哈尼族文化的百科全书；甚至有人说，没有四季生产调就没有哈尼族的文化。四季生产调，一听这个名字，就会让人联想到四季生产。它是哈尼族人在上千年的劳作中，对生产、生活中的技能、经验的总结。

哈尼族是一个古老民族，与彝族、拉祜族等同源于古代的羌人。在历史上，哈尼族曾被称为"和夷""和蛮""窝尼"和"阿卡"等。因民族迁徙，哈尼族逐渐成为跨中国、老挝、泰国、越南和缅甸而居的跨境民族。在中国，哈尼族是云南省十五个特有少数民族之一，也是云南人口比较多的少数民族，主要分布于元江和澜沧江之间，聚居于红河、江城、墨江、镇沅等县，设有一个自治州和五个自治县。根据《中国统计年鉴2021》，中国哈尼族的人口数为1733166人，其中，红河哈尼族彝族自治州的哈尼族人口最多。

哈尼族是一个分布较广、支系繁多的跨境民族。中国的哈尼族主要分为"哈尼""卡多""雅尼""豪尼""碧约""白宏"等支系。中国哈尼族人民所使用的哈尼语属汉藏语系藏缅语族彝语支，现代哈尼族使用新创制的以拉丁字母为基础的拼音文字。

传说哈尼族四季生产调最早出现在唐代。尽管我们目前看到的四季生产调有多种版本，各版本主要内容都是一样的。哈尼族学者白祖额等搜集、整理并翻译的四季生产调,共约一千六百七十行,包括引子、冬季、春季、夏季和秋季五个单元。引子系歌手正式演唱四季生产调之前的开场白。哈尼族是我国古老的少数民族之一,先人们以多神崇拜和祖先崇拜为主,因此引子部分主要讲哈尼族的祖先怎么样、神灵怎么样、这个世界是怎么来的。它用四十一行生动的歌谣,强调祖先所立下的规矩,强调这些流传下来的宝贵经验对于哈尼族人民的生存的意义。后四个单元按季节顺序,从冬季、十月开始,讲述梯田耕作的程序、技术要领,以及与之相应的天文历法知识、自然物候变化规律、节庆祭典知识和人生礼节规范等,内容类似百科全书。哈尼族的先人很了不起,通过这样一个非常形象生动的总结,给后人留下了一本历史教科书,所以直到今天,四季生产调对哈尼族文化的影响仍然很大。2006年5月20日,四季生产调列入首批国家级非物质文化遗产代表性名录。

矻扎扎节祈福

哈尼族与我国其他少数民族一样能歌善舞,因此其很多艺术表现形式都和歌舞有关。四季生产调,调就是歌,它的主要表现形式就是像唱歌一样,且带着吟唱的性质。

朱小和:"祭司"的传承

朱小和,1940年生人,云南省红河州元阳县攀枝花乡硐浦村人。朱小和从小跟随爷爷学习演唱,后师从当地其他歌手,既有家族传承,又有拜师所学。他的演唱吐字清晰、唱腔圆润,富有强烈的感染力,在元阳、红河、绿春、金平等地享有盛誉。主要代表作品有《哈尼阿培聪坡坡》(阿培:祖先;聪坡坡:从一处搬到另一处,也有逃难之意)《哈尼民族古歌》等。2007年6月,朱小和被评为首批国家级非物质文化遗产代表性项目四季生产调国家级代表性传承人。

朱小和的吟唱很有味道。他的艺术特点,一是和歌有一些联系,像吟唱一样;二是表现形式生动活泼,艺术手段极为丰富,语言极为形象。在他所有的吟唱过程中,都唱到了上天入地的动物,有鲜明的民族艺术特点。

音乐在民间文学中起到的作用很大。人们在表现自己、表现生活、表现劳动、表现群体的时候,音乐是必不可少的手段。每一个民族都有自己的音乐,这个音乐的形成,包括调的形成,都与其生活的地域、环境、形态有一定的联系。四季生产调有些祭祀的味道,因为它是用一种很庄重的态度来唱自己的生活,怎么种稻、怎么插秧、怎么理田……通过这些来表现对祖先的敬爱,对神灵的敬畏,对大自然、对土地、对谷子的敬重。

朱小和在传承四季生产调中起到非常重要的推动作用。他是个非常了不起的传承人。四季生产调的表现形式就是有一个莫批(祭司)领唱,下面的人或是跟着他学唱,或是应和。一般场合,吃饭喝酒、开工动土,都可以唱。朱小和的脑子里保存了很多哈尼族四季生产调,从祖先崇拜到神灵崇拜,一直到一年四季的生产和日常的生活,他想唱就能唱出来。四季生产调对哈尼族的文化传承作用巨大,祖祖辈辈上千年的历史就是这样一代人一代人凭借歌唱传承下来,所以有人说它是哈尼族的百科全书。

红河哈尼梯田是中国云南以哈尼族为主的各族人民利用当地"一山分四季,十里不同天"的地理气候条件创造的农耕文明奇观,据记载已有一千三百多年的历史。红河哈尼梯田的中心区是元阳梯田。这里的梯田规模宏大,绵延在红河南岸的元阳、绿春、金平等县,仅元阳县境内就有十九万亩。当地水源丰富,空气湿润,雾气变化多端,将山谷和梯田装扮得含蓄生动。元阳梯田有四绝:一绝面积大,形状各异的梯田连绵成片,每片面积多达上千亩;二绝地势陡,从十五度的缓坡到七十五度的峭壁,都开辟有梯田;三绝级数多,最多的时候能在一面坡上开出三千多级阶梯;四绝海拔高,梯田由河谷一直延伸到海拔两千多米的山上,可以到达水稻生长的最高极限。元阳梯田是哈尼族人世世代代留下的杰作。2013年6月22日在第三十七届世界遗产大会上,红河哈尼梯田获准被列入世界遗产名录。梯田与歌谣一起见证哈尼族人民的历史与现实。

朱小和是本地区的一位祭司,在这个村中有一个这样特殊的身份,对整个村落的发展和知识的传播都有很重要的作用。他的祖辈也是祭司,到他这一辈,他把祖先创造的那些四季生产调,还有其他哈尼族文化的东西都保存下来。他现在在哈尼族中地位非常高。哈尼族对这种祭司其实是有很高要求的:水平如何、能唱多少、唱得对不对,哈尼族人民心里有一杆秤。朱小和了不起的地方就在于他掌握得多、唱得好、唱得准确,能够把哈尼族的生活唱出来,所以普通老百姓认可他。

民间文学对民族价值观的影响

汉族最重要的节日是春节,哈尼族最重要的节日是十月年。人们通过各种活动,包括聚会、酒席、盛典、祭祀等,表现出他们对生活的向往。十月正好是收获的季节,十月年跟收获有密切关系,因此十月年的很多内容也是四季生产调中要表现的内容。四季生产调是他们生产、生活的百科全书,指点他们这一年不同节点要做什么事情,同时也包含了很多文化和历史的内容。朱小和曾说:"我们哈尼族人如果没有四季生产调,就成文盲了。"

哈尼语中十月年发音为"美首扎勒特"或"米索扎"。哈尼族以十月为岁首,所以每年农历十月的第一个属龙日要过"十月年"。时间从农历十月第一个属龙日开始,直至属猴日结束,历时五六天,是哈尼族一年中时间最长、内容最丰富的节日。节日期间,各家各户杀猪杀鸡、舂糯米粑等,祭祀天地、祖先,与汉族的春节类似。

哈尼族过十月年会做汤圆面,以献给冬神,要敬神灵、敬祖先,这些都是和其生活有密切关系的。十月年与春节,虽然表现形式不一样,但是那种期盼五谷丰登、六畜兴旺,期盼幸福、吉祥、健康的心愿都是一样的。

四季生产调祈盼天气晴好、五谷丰登,希望和谐团结,这是一种对美好生活的向往,对增强民族凝聚力能起到很大的作用。

如果你不是哈尼族人,到了这个环境里,听到四季生产调的时候,也会被他们希望过上美好生活的喜悦之情所感染。虽然语言不通,但是心灵相通。

民间文学最大的特点在于民间。它和老百姓的日常生活息息相关、紧密相连,我们听到的四季生产调的每一句,都是他们生活的过去时、现在时,以及要追求的将来时。

民间文学、民间艺术滋润了几千年的中华文化。保留至今的很多文化经典都离不开民间文学、民间艺术的滋养。《五朵金花》《刘三姐》都是广泛流传在民间的经典艺术。其实《红楼梦》《三国演义》《西游记》《水浒传》这些伟大的经典都是来源于民间文学。

四季生产调是基于梯田农耕文化而诞生,古渔雁民间故事是基于渔猎文化而诞生。一个在云南,一个在东北,相隔千里,虽然表现形态不一样,但本质上是一样的。一方水土养一方人,每个地方的生活环境、生态方式都影响着它的文化。哈尼族四季生产调是梯田文化的一种生动表现,它是吟唱的,讲怎么耕作、怎么插秧;古渔雁民间故事是海洋文化的一种表现,它是讲故事,讲我们的生活怎么样,讲到伏羲、讲到女娲、讲到龙王、讲到出海赶海。二者本质都是期盼着神灵、祖先保佑人们,期盼着丰收,期盼着家庭、村落、民族能幸福。

哈尼族的民间文学系口头文学,依世代口耳相传保存下来并不断充实。神话传说和史诗是哈尼族文学中最古老的部分:《创世记》解释了天、地、物的来历,河流、山川的起因;《合心兄妹传人种》是叙述人类经历了严酷的洪水灾害继续繁衍的故事;《祭龙春规矩歌》《叫谷魂》《老人安葬歌》《讨媳妇的歌》等反映了哈尼族人多神崇拜和富有民族色彩的习俗,是了解哈尼族的思想意识和习俗的重要资料。在云南哀牢山哈尼族流传着哈尼族迁徙史诗《哈尼阿培聪坡坡》,记录了哈尼族漫长曲折的迁徙过程。

民间文学、民间艺术的很多东西都是民间活动的产物。祭祀也好,游艺也好,祭典也好,都要有一些语言艺术形式来把它描述出来、表达出来,习俗活动衍生出了故事、歌谣、四季生产调等。

四季生产调有一个很有趣的地方,它有很多拟人化的表达,会把种子、泥土都作为一个人,像在跟他说话一样,来进行四季生产调的吟诵。拟人化是很多民间文学、民间艺术中很常见的手法,就是为了好听、生动、活泼,比如把水稻拟人化了,把小动物也拟人化了,会让听众感觉可爱、生动。

如何保护民间文学

我们国家非遗保护分为十大类,民间文学是其中的一大类。民间文学是一个很宽泛的概念,包含的内容非常多,比如说,民间故事属于民间文学,民谣属于民间文学,四季生产调也属于民间文学。民间文学有两个突出特点:一个是,它的很多表现形式是通过口传心授来传承、演变、发展的;另一个是,很多内容都是对老百姓日常生活的生动反映,与老百姓的日常生活息息相关。

朱小和走进校园,传承四季生产调

我们的时代不断地发展变化,生态环境也发生很大变化,这些保留了一千多年的民间艺术怎么能够在今天继续传承下去，对我们的非遗保护工作提出了非常高的要求。

公开课主讲人张庆善与主持人杨宵宵合影

（整理者：李东晔）

第三讲

侗族大歌

樊祖荫 主讲

樊祖荫

樊祖荫(1940—),曾任中国音乐学院院长,教授、博士生导师,中国传统音乐学会顾问,国务院政府特殊津贴专家。主要从事和声学与中国传统音乐的教学与研究。出版有《中国多声部民歌概论》《中国多声部民歌研究》《中国民间多声部音乐论稿》《中国五声性调式和声的理论与方法》《中国五声性调式和声写作教程》《音乐与人——中国现当代音乐研究文集》《歌曲写作教程》《樊祖荫和声研究文集》等专著、教材十余部,发表学术论文百余篇,完成教育部哲学社会科学研究重大课题攻关项目"我国少数民族音乐资源的保护与开发研究"、国家社会科学基金艺术学重点项目"中国传统多声部音乐研究"。国家级非物质文化遗产代表性传承人记录验收工作专家。

侗族大歌与侗寨生活

侗族大歌,侗语称为"嘎老","嘎"即歌,"老"含有大、长、古老之意,广泛流传于湘黔桂三省交界的黎平、从江和三江等县。1984年,我到贵州省从江县采风,正值盛夏,一行人长途驱车、汗流浃背,却兴致勃勃,实地领略到侗族大歌的魅力,也真切感受到了它与侗寨生活、生产、礼俗、娱乐密不可分的联系。

侗族有句名言:"首尝所,嘎尝在。"即"饭养身,歌养心"。侗族人把唱歌和吃饭放在了同等重要的地位。吃新节是侗族人一年一度的盛大节日,目的是庆祝年景丰收。吃新节并不是一个固定的日子,为了让各个侗寨能相互做客,过节的时间要相互错开,一般始于农历七月初,最晚至八月十五。那时稻谷即将成熟,等待收割,"吃新"也就是尝新米,可以摘回一些还未成熟的稻穗,象征性地尝尝新,也可以割一些饱满的稻穗,将稻粒去壳后和陈米煮在一起尝新。等稻穗熟透了,就能尝真正的新米饭了。

吃新节期间,远近各寨做客相贺、欢聚一堂。随着雄壮洪亮的芦笙吹奏,身着盛装的客人远道而来,手提糕点等礼品。主人的迎接方式很特殊,要设置种种"障碍",拦路盘歌:

　　四面八方闭起来,
　　东西南北断了路。
　　没有好歌莫进寨,
　　等得好歌门才开。

从江县小黄寨特殊的迎接客人方式：拦路盘歌

　　随后，主人和客人以歌一问一答，直到唱得主人满意，主人才迎客进寨。主客参加各种节日活动，其中最重要的就是去鼓楼听侗族大歌。

　　尖顶的鼓楼是侗寨的特色建筑，从江县高增寨的鼓楼尤其闻名。其中高增坝寨鼓楼高约二十米，中立四柱，外层十六根大柱，十三重檐，呈六角形。全楼呈宝塔结构，逐层收刹，每层飞檐翘角，彩绘花鸟图案，中间并有两条大龙横向缠绕，气势雄伟，极为壮观。鼓楼内部，底层四周有巨木长凳，地面中央有一个大火坑，天冷时可烧炭生火。鼓楼内部上方，悬挂长鼓一只。鼓楼本是侗寨商议大事的场所，有事寨老击鼓召之，群众闻鼓聚于楼内议决。除此之外，鼓楼内最重要和最经常进行的活动，就是正式演唱侗族大歌了。

　　一般说来，有鼓楼就有大歌，有大歌就有鼓楼。在从江县芑扒寨，我们可以亲身感受到吃新的热闹非凡、鼓楼的歌声绕梁。鼓楼内，坐满来自各个侗寨的歌手，一般男、女各三队，每队六人。鼓楼外，围观群众密密层层。一寨女队紧挨坐在一起，头微低，眼微闭，唱完一曲问歌，另一寨的男队即兴答歌，他们也紧挨在一起斜坐，把左腿架于右腿之上，双目微闭，头和腿随着音乐的节拍微晃，其中有一人手抱侗琵琶弹简单的伴奏。他们所唱的情歌优美含蓄，十分动听，男女曲调各不相混，均由领唱与分声部合唱构成，女者优雅，男者豪放。

除了在鼓楼演唱侗族大歌，吃新节还有一项更为昂扬的活动——斗牛。斗牛时，全寨男女老幼都奔向广场四周的高坡，驻足观看，现场人声鼎沸。

只见广场的一侧，一位壮汉牵着一头壮实的水牛，缓缓下坡来到场中。水牛昂头，两只弯角套着铁角，锃亮锃亮的，威风凛凛。人声喧嚣起来，一头同样壮实的水牛从广场的另一侧猛冲下来，场中等待的水牛勇猛地迎上去。两牛相撞，迸发巨响，牛角相抵，互不相让，直到其中一头牛力不从心，落荒而逃。

然而，这种激动人心的场面，也只是临时性的节日助兴，正式的斗牛活动一般在农历八月十五以后的一个亥日，届时秋收完毕，各寨借斗牛活动相互做客，共贺丰收。

正式的斗牛活动有专门的"斗牛堂"——两座山坡之间的宽敞大空场，山坡当看台，平地为斗牛场。据说在黎平、从江、榕江等县就有四十多个斗牛堂，最大的可容纳上万观众。各个侗寨把斗牛饲养得膘肥体壮，有的还设专人喂养，不与耕牛混养。斗牛开始前，各寨寨老还要轮流演讲，讲斗牛的来历，也讲民族风情，讲得生动在理。寨老们讲完后，斗牛正式开始。斗胜的牛披红戴花，本寨人欢欣鼓舞，为莫大的荣耀而骄傲。斗败的一方，本寨人自然垂头丧气，有的还会痛哭失声，并唱起悲歌来。

当地歌手说，大歌与斗牛分不开，斗牛只在白天进行，夜晚来临，各寨青年男女就成群结队地对起歌来，互诉衷肠。斗牛为青年男女的交往提供了极好的机会，而唱歌又是他们交际的重要的传统媒介。

歌师与歌班

辞别岜扒寨，我们一行人继续乘车前行，晚上到达小黄寨。小黄寨是从江县较大的侗寨之一，在风俗人情、音乐文化上较多保留了侗族原有的风貌。

小黄寨的乡亲们十分热情,听说我是从北京专程来听他们唱大歌的,纷纷相约而至。为了便于录音,我专门选择楼顶凉台,邀请当地歌手演唱。刚唱过一两首,外面的乡亲们就不乐意了:"不行不行,要来广场上唱,我们都要听啊!"我当时就纳闷:"你们不是一天到晚都在听吗?"乡亲们骄傲地说:"我们听不够,我们的歌就是好听。"

"歌乡"小黄寨全景(王海涛摄影)

于是,我把录音机摆到广场上,以我们几个人为中心,周边都围满乡亲。小黄寨不同的年龄段有不同的歌队。青年歌队是主力,男青年歌队叫"罗汉队",女青年歌队叫"姑娘队"。小孩子组成"童声歌队"。年纪大一点的歌手,特别是有了孙子后,就去参加老年歌队,老头和老太太也是分开的。

要求演唱的人太多,只能一支歌队唱三首。不知不觉已到半夜三点多,人群还没有散去的意思,歌手们还在争先恐后地请求唱大歌,主持活动的同志好说歹说,人们才依依不舍地渐渐散去。

这一晚,古老淳厚、悠扬动听的歌声使我大开眼界、大饱耳福。演唱的内容丰富多彩,有叙述侗族历史的男声大歌《祖公上河》,有表现各种生活情趣、模拟动物声音的女声大歌《蝉歌》、童声大歌《布谷》,还有大量的情歌以及新填词的反映现实生活的各类歌曲。歌手们有很高的音乐素质:有明确的调高概念,某首歌一张嘴就是某个调;音准丝毫不亚于专业团体;音色融合,各声部的穿插、进出清晰自然,从不纷乱,具有明确的多声思维。

值得强调的是,侗族大歌有专门的童声合唱及重唱,在壮族与毛南族中也有着少量的童声重唱,这是本地区的多声部民歌在演唱组合方式上的一个突出特点。在其他民族中,孩子们虽然能学唱成人的部分曲目,但真正以儿童生活为题材,形成独特表现方式的童声合唱、重唱却颇为少见。这当然是侗族人民长期艺术实践的结晶,也与侗族歌班的组织形式和训练方式分不开。

侗族是一个擅歌的民族,培养下一代唱歌非常有讲究,有一套自己的制度。侗族孩子出生之前,母亲就要进行胎教,给腹中的胎儿不断地哼唱儿歌。到了咿咿呀呀会说话的时候,父母就教孩子念唱儿歌,儿歌是侗家的"幼儿必读"。教歌传歌就是侗族孩子的家庭启蒙教育,为孩子日后的歌唱活动,打下了良好的基础。长到十岁左右,父母开始请歌师教孩子唱大歌。请歌师没有仪式,也不用很多报酬,只要孩子们有求,歌师就教。

歌师首先让孩子背歌词,然后学唱低音部。侗族大歌基本由两个声部组成,一支歌队少则四五人,多则十几人,但唱高音部的是一个人(也可由两个人轮流担任),其他人都跟着唱低音部,所以唱低音部是最基础的学习内容。

高音部的领唱要在低音部的基础上运用向上的支声,使其更有旋律性、更富表现力。因此,歌师要根据孩子的声音条件和乐感来物色唱高音部的人选。唱高音部的人,侗语称为"赛嘎"。歌师着重给赛嘎指出支声的规律。练习合唱时,歌师对音准、各声部的音量、呼吸等均有明确的要求,会让大家反复练习。歌班的孩子们成人后,即成为演唱侗族大歌的正式成员。

歌师潘萨银花(王海涛摄影)

  一支歌队的演唱水平和声望、侗族大歌的保存和传承,都与歌师的训练、指导有着直接关系。1984年,我到小黄寨采风时,潘萨银花当时还很年轻,却已经是歌师了,也带着一支歌队来唱歌。像潘萨银花这样的歌师,在侗寨是特别受尊敬、有威望的人,不论什么事情,只要她出面解决,大家都很信服。歌师与歌班的存在,是侗族大歌世代相传的重要保证。

侗族大歌的艺术形式

  侗族大歌,从名称就能看出,这是一种结构庞大的民间合唱。经过长时期的歌唱实践,侗族歌手们不仅创造了侗族大歌完美的结构形式,而且还积累形成了与曲式结构有关的民间口头术语。这在各民族多声部民歌的口头理论中是不多见的。

侗族大歌的曲式结构完整,在具有序歌性质的"赶赛"(歌词由衬词组成,但不同村寨的赶赛曲调与衬词均有区别)之后,即为大歌的主体部分。一首大歌的歌词最少的有两段,多的可达十几段,甚至百段以上,一般以三段为一首(侗语称段为"角",称首为"枚"),三首为一"嘎"。每段又分为"起顿"(开始时具有起腔性质的几小节独唱部分)、"更夺"(以齐唱为主的中心部分)与"拉嗓子"(合唱的尾腔部分)三个部分。其中,前两部分的歌词为实词,第三部分的歌词为衬词。各段之间,均为变唱关系,有时第二段可省略拉嗓子部分,而第三段由于处于全曲的结束位置,因此拉嗓子部分的篇幅往往较大。从总的曲式结构来看,侗族大歌属于由变唱形成的自由变奏曲体。

传统的侗族大歌分为同音色合唱和男女声合唱式对唱;按音色分类,可分为男声大歌、女声大歌和童声大歌三类。从20世纪50年代后期起,为适应舞台演出之需,增加了男女混声合唱的形式。

在二声部合唱中,上、下方声部有特定的称谓:上方声部称"所滂"(高音)或"所赛"(雄声);下方声部称"所吞姆"(低音)或"所梅"(雌声)。高音部一般由一位或两位歌手轮流领唱,侗语称"赛嘎",即雄声之意,也译为"歌首";低音部则由众人和唱。

歌唱时均用真声,男声沉着浑厚,女声清纯亮丽,童声稚气娇嫩,各具特色。队员之间,相互协作,配合默契,在以下四个方面呈现出高度的专业水准:

其一,两位领唱歌手,在音质、音色与唱法上高度统一,他们进出自如,衔接自然,一般听众不易觉察。

其二,高、低音部之间人数相差较多,但歌手们能从全局出发协调声音,使之平衡,即使在唱各种不同的和声音程时也能做到和谐统一。

其三,低音部在拉嗓子部分唱持续长音时,歌手之间能熟练地运用轮换呼吸方法,使得长音能不露痕迹地持续绵延。

其四,经过歌师的严格训练与长期的歌唱实践,多数侗族歌手具有良好的乐感,其音准感尤强。一首无伴奏的大歌,不管什么时候唱,一张口就是那个音高。

侗族大歌在外人听来都是差不多的，但是侗族人能听出村寨之间的不同，不同之处主要表现在赶赛上，也就是序歌部分，不同的寨子有不同的唱法。总体而言，侗族大歌的整首歌曲并不注重转调，但黎平县、从江县某些大歌的赶赛，常常在短短的十几个小节中完成多次转调，且调性关系相距较远。

这种在其他民间音乐形式中很少见到的特殊的调性关系，引起不少学者的注意和兴趣。为什么要这样做呢？民族音乐教育家伍国栋认为："在人数众多、场面宏大的歌唱环境条件下，一开唱便以独特新颖、变化多端的音调吸引听众，预示大歌合唱已经开始，从而起到静场和提示音乐内容的序曲作用。"另外，也有可能是因为赶赛的歌词均由衬词组成，没有什么特别含义，较少受到具体内容和歌词声调的约束，歌手容易在调性方面得到自由发挥的空间。每座村寨都有各自特定的转调方式，各自擅长的歌曲内容也不尽相同，这也算是一种族群的认同。歌手一张口唱赶赛，大家就知道他是哪座寨子的人，同时就要做好准备，考虑怎么对歌。对歌就是比试，比试最重要的是比歌词，比谁编得好。歌词基本分为两种：一种是传统故事，需要歌手把歌词完完整整地烂熟于心；另外一种是即兴编词，看到什么就唱什么，唱出来还得让大家觉得有道理且很风趣。即兴演唱极为考验歌手的经验和本领。

侗族大歌的历史与现状

20世纪50年代初，贵州省群众艺术馆的音乐工作者在参加黔东南侗族地区土改工作的过程中，发现了以合唱形式演唱的侗族大歌。此后几十年，侗族大歌始终吸引着民族音乐学家们的注意力，他们去南侗地区生活、采风，研究也不断深化，并延伸至侗族历史、社会结构、语言风俗、婚姻形态等方面。在对中国各民族多声部民歌的研究中，侗族大歌是被音乐学家们研究得比较多的一个种类，这也突显了侗族大歌在中国多声部民歌中的独特地位。

虽然至今在中国的音乐历史文献中尚未发现有关多声部民歌的正式记载，但一些文人的诗词、游记和个别的旧县志对伴随多声部民歌的风俗活动和歌唱形式有过描述。将侗族大歌与这些史料进行对照,可以发现某些历史痕迹,并可互为印证。

宋代诗人陆游在《老学庵笔记》卷四中记载:"男女聚而踏歌,农隙时至一二百人为曹,手相握而歌,数人吹笙在前导之。"它描绘了当时湘黔一带侗族祭祀女性祖神的活动盛况。这种名为"踩歌堂"(侗语称为"多耶")的习俗活动,至今仍在南侗地区广泛保存着。歌曲分为"嘎本"与"嘎耶"两种,内容十分广泛,歌唱形式为一领众和,如果和唱时领唱继续进行,则构成二声部的支声式合唱。

明朝诗人邝露在其杂记《赤雅》中记述:"侗亦僚类……善音乐,弹胡琴,吹六管,长歌闭目,顿首摇足。"胡琴即现在的侗琵琶,六管即现在的芦笙,长歌当指结构长、大之歌。而闭目、顿首、摇足,指的是演唱者唱歌时的状态。如今侗寨鼓楼里演唱大歌时,歌手们依然是如此情形。

旧《三江县志》则对多声部唱法做了具体而清晰的描述:"侗人唱法尤有效……按组互和,而以喉音佳者唱反音,众声低则独高之,以抑扬其音,殊为动听。""侗人唱法",一人在高音部领唱,众人在低音部和唱,领唱者"以喉音佳者"担任,歌唱的效果则是"抑扬其音",这与现今侗族大歌的组合形式及演唱方法是完全一样的。

从史料记述的内容来看,多声部组合的演唱方式已相当成熟,可以推断其流传年代应更为久远。

侗族大歌之所以能长久流传,一个很重要的原因在于它与侗族人的生活息息相关,是侗族社会不可或缺的基本组成部分。侗族人通过音乐来传承历史,传承生产知识,传承做人的道理;通过音乐来恋爱、结婚及教育后代;通过音乐来反映生活、讴歌自然、表达理想,丰富自身的精神境界。人人自幼随歌师习歌,稍长进入歌班,以后随着年龄增长转换歌班,直至老年,可以说,侗族人的一生都在歌唱中度过,侗族是真正意义上的"合唱民族"。

长期以来,侗族大歌完全是自娱性质,作为侗族生活的一部分而存在。直至1953年,合唱队组团进京参加全国民间音乐舞蹈会演,侗族大歌才开始走向全国舞台,并逐渐为世人所了解、所瞩目。

为满足经常性演出之需,1958年,黎平县成立了全国第一个(侗族)民间合唱团,随后,黔东南苗族侗族自治州歌舞团也组建了侗歌合唱队。1982年,全国部分省、自治区少数民族多声部民歌座谈会在广西南宁召开,侗族大歌的演唱引起与会专家的高度重视;1984年,全国第三届民族音乐学年会"少数民族音乐片"在贵阳市举行,从江县的侗族大歌队在会上奉献了精彩演出,给来自全国各地的众多音乐学家们留下了极其深刻的印象。这两次重要的演出为侗族大歌在全国范围内扩大影响奠定了基础。1986年,黔东南侗族女声合唱团应邀赴法国参加巴黎金秋艺术节,以精彩的演唱、动人的歌喉与美妙的多声效果,让欧洲的听众与音乐家们赞叹不已。此后,广西少数民族歌手班多次带侗族大歌的曲目到我国香港地区参加亚洲艺术节,到欧洲进行巡回演出,均取得极好的效果,进一步扩大了侗族大歌的知名度和艺术影响力。

如今,侗族大歌的国际影响越来越大,2006年列入首批国家级非物质文化遗产代表性项目名录,2009年被联合国教科文组织列入人类非物质文化遗产名录。

公开课主讲人樊祖荫与主持人戴晓晔合影

(整理者:樊祖荫)

说明:本文由樊祖荫在"他们鉴证了文明:非遗影像公开课"上的讲稿,以及《鼓楼、吃新、斗牛与侗族大歌》《侗族大歌在中国多声部民歌中的独特地位》两篇文章,综合整理而成。

第四讲
吴家兴与侗族琵琶歌
樊祖荫 主讲

侗族琵琶歌的音乐特点

侗族是一个善于歌唱的民族,有很多优美的歌唱艺术形式,除了大众耳熟能详的侗族大歌之外,黔东南地区还广泛传唱侗族琵琶歌。按贵州音乐学界的分类习惯,凡以多声部歌唱形式呈现的,均属"大歌",如侗族大歌中的鼓楼(普通)大歌、叙事大歌、声音大歌及戏曲大歌等;与其相对,凡以单声部歌唱形式呈现的,均归为"小歌"。琵琶歌即属小歌。

侗族民歌的演唱,有的有伴奏,有的无伴奏。侗族大歌的伴奏只用于男声大歌(用琵琶伴奏),女声大歌、童声大歌不用伴奏。侗族的小歌很多是有伴奏的:用琵琶伴奏的叫琵琶歌,侗语称为"嘎贝巴";用笛子伴奏的叫笛子歌,侗语称为"嘎笛";用牛腿琴伴奏的叫牛腿琴歌,侗语称为"嘎果给"。还有一些小歌,比如酒歌、山歌,只是独唱,没有伴奏。有伴奏的小歌,伴奏声部虽然和人声演奏是同一个旋律,但因其间常出现支声而形成变体,故整体而言,它是具有多声部音乐元素的音乐形式。

侗琵琶有三至五根弦。依据侗琵琶的形制,侗族琵琶歌可分为三种:大琵琶歌、中琵琶歌、小琵琶歌。

大多数琵琶歌用四弦琵琶伴奏,定弦 sol、la、la、mi,中间两弦同音。洪州琵琶歌多用三弦小琵琶伴奏,定弦 sol、la、la。晚寨琵琶歌多用四弦或五弦的中大型琵琶伴奏,其中五弦琵琶定弦 sol、la、la、mi、mi,其中 sol 音偏高,有一定的导音倾向。

侗族琵琶歌着重于旋律的表现,其基础段落(核心段落)类似于说唱音乐中的基本腔。通过不断变化和重复基本腔,也就是变奏(变唱),构成整首琵琶歌的旋律。基本腔贯穿侗族琵琶歌的旋律始终,可谓"万变不离其宗"。由于旋律简洁易记,歌师就有更多的精力进行歌词的即兴创作。这种词曲构成方法,也符合多数中国民间音乐的创作特点。如在歌曲创作中,以相同的曲调承载多段不同的歌词而形成的"分节歌"形式;又如在戏曲结构设计中,通过对基础性段落的板式变化(包括节奏、节拍、速度等)使音乐结构不断扩展和延伸等。

依据歌词的内容题材,侗族琵琶歌大致可分为三种:情歌、叙事歌、即兴短篇。

侗族大歌和琵琶歌的传统功能之一,就是用于族群繁衍。过去侗族男女青年恋爱、结婚都会唱歌,许多侗族大歌、琵琶歌都是谈情说爱、互诉衷肠的情歌。如今唱歌已经失去这个功能,但是人际交流的功能尚在,只是发生了明显的功能转移,成为侗族与外地人、外族人交流的工具。全村男女老少围在一起唱歌,就体现了它的交际功能。

叙事歌内容广泛,涵盖了侗族的神话故事、历史故事、传说故事、爱情故事等,世代传承,歌脉悠远。叙事歌又分为短篇叙事歌和长篇叙事歌。长篇叙事歌的故事和情节较多,侗语称为"嘎井"。以前多把叙事琵琶歌列入民间歌曲范畴,现在列入曲艺范畴,因为它有故事、有情节、有伴奏,跟汉族的曲艺有相近之处。

即兴短篇是侗族琵琶歌非常重要的一部分。它即兴编词,看到什么就唱什么,唱的都是农村的新气象,与当下生活结合得很紧密。

晚寨歌师吴家兴

国家级非物质文化遗产代表性项目侗族琵琶歌国家级非遗传承人吴家兴,贵州省榕江县寨蒿镇的晚寨村人,在当地远近闻名。他从小跟随长辈学习侗族琵琶歌,十几岁就出师,入堂对歌,经历非常丰富。由于侗族没有传统文字,吴家兴采用谐音或者近音汉字的记录方式,整理了很多歌本,既记录了大量侗族琵琶歌的经典曲目,也记录了大量自编的歌词,更好地传承和推广了侗族琵琶歌。

吴家兴于榕江县寨蒿镇晚寨村家中

吴家兴文化程度不高，创作的歌词却具有很强的文学性，同时十分注重思想性和艺术性的结合，并且非常诙谐。他弹唱的琵琶歌，侗族老百姓听得津津有味，觉得唱到了自己的心坎上，就像汉族老百姓听评书、听相声一样。吴家兴的徒弟吴家文也继承了师父即兴创作的本领，有一次新编了一段歌词，竟然调解了一场家庭纠纷，这也体现出侗族琵琶歌的语言魅力和教化功能。

对于非遗保护工作而言，传承人是极其重要的，起到了承上启下的作用，没有他们就很难将文化遗产代代传承，因此称他们为"文化的持有者"也不为过。他们成长为传承人的过程其实也是非常艰辛的，从小要热爱、学习本民族的传统文化，然后经过刻苦努力，熟悉并掌握历史上留下的传统曲目，最终成为这类非遗技艺中公认的优秀代表人物。

譬如，吴家兴能唱一百多首长篇叙事歌，有的长篇叙事歌可以唱一天一夜，既要日复一日地反复背诵和演唱，又要拜很多老师求教技艺，最后做到烂熟于心。歌师不仅技艺要精湛，人品也要好，如此才能得到当地群众的拥护。

得到大家的认可后,来学艺、求艺的人络绎不绝。吴家兴特别爱护徒弟,收徒弟从不看重金钱利益,而是看求艺的人是不是真正爱学、能不能学得好。只要徒弟们想学,吴家兴就倾囊相授,把辛辛苦苦整理的歌本都传给徒弟,并要求徒弟转抄,毫无保留地培养接班人。记间节是侗寨的传统佳节,届时侗族人要举办斗牛、吹芦笙、踩歌堂等庆祝活动。吴家兴的一位女徒弟在记间节第一次当歌师,他十分重视徒弟这次登台献艺,加倍辛勤辅导、提词,期待徒弟能够一唱成名,得到大家的认可。

吴家兴视侗族琵琶歌为终生的事业,也为其奉献了一生!

吴家兴在唱琵琶歌

歌师的即兴能力

即兴是中国民间音乐的一大特点。这种即兴都是在一定程式基础上的即兴,不是想随便即兴什么就即兴什么,是有依据的。正如前文提到的基本腔,在核心曲调的基础上变化,根据新的场景需要即兴发挥,增加新的歌词、旋律而不断延伸。一方面,旧的东西依旧保留,没有过去的基本框架,就搭不成一座房子,因而必须要深入了解和熟练掌握固定的程式基础;另一方面,"传统是条河流,不流就成了死水",即兴创作也让侗族琵琶歌的道路更加宽广。

有一年记间节,当地群众非常热情,一定要让吴家兴现场即兴表演。他就演唱了一首《感谢村寨众亲不嫌我老》,歌词全靠现场发挥。吴家兴在教学过程中,尤其注重培养徒弟的即兴创作能力,这是侗族琵琶歌传承人都具备的本事。因为非遗技艺都是民间技艺,许多都没有文字记录,也不是一种书面艺术,而是一种口头的、即兴的艺术。如果没有这种本事,就当不了传承人。歌师教徒弟的时候,会着重教徒弟如何去观察,如何把一个基本事物扩展成一个故事。

琵琶歌的即兴创作,跟西方音乐有明显不同。学习西方音乐,一般要先拿到曲谱,然后看谱学习、演奏。西方音乐很早就开始记谱,中国音乐的记谱大多从文字谱开始,用文字将乐曲记录下来,比如古琴的减字谱。然而,中国民间音乐大多没有这种记谱法,主要靠记忆和即兴,在记忆和即兴相结合的基础上代代传承和发展。

现在的音乐教学,不该忽视这种好的经验。我在教学时,跟学生们强调要学好即兴的本事,比如学习江南丝竹,就要学会江南丝竹艺人合奏时即兴发挥的本事。即兴不是乱来,而是立足于一定的程式基础,学习程式就是学习即兴本事的核心。总之,学习中国民间音乐,必须要重视即兴本事,这样才能使自身艺术水平不断提高。

保护和传承侗族琵琶歌

保护非物质文化遗产,保护中国民间音乐,应根据它们的具体生存状况,采取相应的措施予以保护。

对于侗族琵琶歌的保护传承,首先,应选择有代表性的曲目,抓紧安排老歌手录音、录像;对有代表性的老歌手应作为传承人予以保护。侗族琵琶歌的国家级和省市级代表性传承人,他们所做的贡献我们应该牢记,但是这些传承人年龄偏大,现在必须继续培养新的传承人,使侗族琵琶歌能够一代接一代地传承下去。在重视传承人的同时,还要重视被传承人的学习情况,传承效果的好与坏取决于传和承双方的积极性,只有传没有承,好东西就传不下来。因此,既要让被传承人对侗族琵琶歌感兴趣，培养他们保护民族文化的自觉性，也要在切身利益上激励他们。一个人饿着肚子，就不可能有积极性。譬如泉州南音曾经有一阵子没人愿意学，但是后来又传承得很好，就是因为泉州南音找到了市场出路。

其次，许多民间音乐也依附于传统节日、风俗仪式，那么，就应该采取有效措施保护节日和仪式。节日和仪式本身既是非物质文化遗产的重要类别，又是口传文化的重要载体，要把民间音乐作为整个节日和仪式的有机组成部分来予以保护。记间节是侗族一个非常重要的民俗节日，七年才举办一次，是展演侗族传统文化的最好时机。只有在记间节期间，侗族同胞才会把最好的东西全部拿出来，不仅拿出好吃的美食，也展演最有民族特色的传统音乐。

最后，整体性保护珍稀文化生态。在某些交通不便的山区，尤其是少数民族集中居住的地区，现在还相对地保存着较为完整的传统文化生态。例如贵州省黔东南苗族侗族自治州，苗族、侗族的口头和非物质文化蕴藏丰富，类型多样，从农耕文化到民俗生活，从古老的叙事长歌到历史久远的民族节日，从服装、银饰到刺绣、剪纸，从单声部民歌到多声部民歌，从歌舞、器乐到曲艺、戏曲等。对这样的文化生态区域应该进行整体性保护，可建立相应规模的文化保护区和非物质文化遗产博物馆。

像侗族琵琶歌这样的民间音乐，它们的诞生和演变都依附于特定的生产方式、生活方式和风俗活动。随着时代的发展，民间音乐所依附的一些生产方式已经彻底消失，民间音乐曾经具备的实用价值可能也不复存在，而要在日常生活中恢复原有的劳动方式、实用价值，已不可能也无必要，但这类民间音乐依然具有极其重要的历史和艺术价值，比如侗族大歌、琵琶歌等，它们堪称承载历史和指导生产、生活的侗族百科全书。

（整理者：樊祖荫）

说明：本文由樊祖荫在"他们鉴证了文明：非遗影像公开课"上的讲稿及文章《对保护非物质文化遗产若干问题的思考》，综合整理而成。

第五讲

秦梦雨与昌黎地秧歌

梁力生 主讲

梁力生

梁力生（1945—　），中国艺术研究院舞蹈研究所研究员，北京舞蹈学院客座教授，文化和旅游部民族民间文艺发展中心特约研究员，《中国民族民间舞蹈集成》总编辑部主任。编辑、整理国家重点科研项目文稿约三千万字，著有《中国龙舞》等。国家级非物质文化遗产代表性传承人记录验收工作专家。

各个民族、各个地区都有自己代表性的民间舞蹈,它们在当地的人文环境和文化传统中产生、形成并传播开来。秧歌是我国北方地区一种流传广泛的民间舞蹈。在农村地区和城市的街头巷尾,我们经常能够看到热闹的秧歌表演。由于传播范围较广,也造成了秧歌艺术的舞蹈特点繁多,各地区的秧歌有着不同的称谓和表现风格。

秧歌的舞蹈特点

秧歌可以简单地分为高跷秧歌和地秧歌。高跷秧歌是踩着高跷舞蹈,地秧歌是在地面上舞蹈。近代以来,人们所说的"秧歌"主要指地秧歌。

高跷秧歌和地秧歌在舞蹈风格上存在很大的不同。高跷秧歌,因舞蹈时以双脚踩踏木跷而得名。高跷历史久远,相传源于古代百戏中的一种技术表演,舞蹈者多扮以某个古代神话或历史故事中的角色形象,脚踩高跷,穿戴戏剧服饰。表演时,舞蹈者首先要解决身体平衡问题。踩着高跷,身体重心较高,平衡掌握不好,很可能动作一走形,人就会摔倒。所以,调节平衡是踩高跷的一个最基本的要求。在调节平衡的过程中,原来扭秧歌的体态会发生很大的变化,这样就形成了高跷秧歌里一种特殊的韵味。相比之下,地秧歌就不存在这个问题了,表演者可以在地面随心所欲地做自己想做的动作,另外身体的重心也偏低,动作的细腻程度、韵味,身体各部位的配合扭动,都显得非常自然,可以更好地发挥秧歌的特点。

昌黎地秧歌是河北省最具代表性的民间舞种之一,广泛分布在河北省昌黎、卢龙、抚宁、乐亭、滦县等地,遍布于唐山、秦皇岛等冀东地区。它最早产生于元代,一直流传至今。昌黎地秧歌的秧歌表演一般以秧歌舞队为主要形式，一支舞队少则十数人，多时达上百人，既有集体舞，也有双人舞、三人舞等多种形式。昌黎地秧歌作为一种舞蹈风格鲜明独特的秧歌形式，生动反映了农业社会、农村生活的部分特征及农民的生活情趣、乐观诙谐的精神风貌。

昌黎地秧歌主要角色有丑、妞、生、㧟等几种，其中，丑和生是男性角色，妞和㧟是女性角色。㧟实际上是民间的一种俗称，用我们通俗的话来说就是丑婆，在表演中一般为中老年妇女形象。按照戏曲的行当分类，㧟属于彩旦。每类角色又按照人物性格分成文、武两种，往往文角舞步平稳、气质端庄，姿态收拢、克制，武角则性格豪放、开朗，动作幅度较大、频率较快。比如，文妞一般是大家闺秀，而武妞则是红娘等交际人物。不同角色的舞法、动作和风格各不相同，有的威武雄浑，有的柔美俏丽。

昌黎地秧歌之所以能够吸引广大群众，很重要的一个原因就是它的表演内容非常接地气。比如说《瞎子摸杆》，表现一个盲人给一个没出嫁的姑娘算命。盲人胡说八道，说姑娘你生了个胖小子，把姑娘气坏了，就把他走路的木杆子拿来给扔了，最后他就到处摸，中间有很多充满趣味的情节，非常接地气。又比如说《怕老婆顶灯》，表现一个男人沉迷赌博，他老婆非常生气，为了防止他晚上又出去赌博，就让他头上顶着灯，跪在那儿给她照亮，她就在那纳鞋底。这些节目都非常接地气，非常贴近早年间老百姓的日常生活，所以它的表演内容本身就非常具有吸引力。

再一个，它的表演形式非常丰富，比如说大场子秧歌，要走丰富的场图，增加角色之间交汇时的表现力；排街秧歌中众舞者的千姿百态；还有秧歌出子、秧歌小戏都源于百姓生活，内容、情节引人入胜，极富感染力。由于形式丰富、内容吸引人，所以老百姓非常爱看，这是它的核心艺术魅力。

最后，其舞蹈的动作魅力十足，比如说核心角色——丑，丑的表现力体现在全身没有一个地方不会说话，他的表情，那种苦中作乐的心态，还有那种幽默滑稽特别契合唐山地区人文风情，这些结合在一起，得到老百姓的认可，他的艺术魅力就彰显出来了。

昌黎地秧歌的音乐和服饰

昌黎地秧歌在产生之初，各行当均由男性扮演，后来才逐渐有妇女加入到女性角色的扮演中。昌黎地处华北少数民族杂居地区，昌黎地秧歌在角色、结构、服饰上深受蒙古族文化影响，比如，地秧歌中丑角所戴的"缨子帽"（又称"裘帽"）就是从蒙古族服饰发展而来。根据角色的需要，舞蹈者手持相应的手绢、伞、棒、鼓、钱鞭等道具，在锣鼓、唢呐等吹打乐器的伴奏下尽情舞蹈。一直以来，作为昌黎地秧歌的四种核心角色即丑、妞、生、㧟的服饰和道具没有太大的变化。但是由于社会发展，许多民间艺术的表演条件有所改善，服饰制作的材料和品质都有所提高。比如原来有些戏服购置资金不足，可能根据角色需要七拼八凑，稍有意思就算扮上了，但是现在的秧歌演出表演者往往身着一些款式更绚丽、色彩更明快的服装，令其观赏性更强。同时，随着不同时代服饰的总体发展特点，秧歌中男性角色的上装服饰从原来主要以长衣为主，演变为现在以短衫为主，服饰更加干练。

昌黎地秧歌有一个核心乐器，当地俗称"大杆唢呐"，实际上就是民间乐器里面的中音唢呐。中音唢呐的音色很美，敦厚、嘹亮，既不是高音唢呐的那种高亢，也不是低音唢呐那种浑厚，而是介于两者之间。昌黎地秧歌其他的配奏乐器还有小鼓、小镲、中镲等，多为中小型乐器和单人演奏乐器，携带方便，有利于表演者在行进过程中边走边演奏。乐曲曲目都是民间流行的乐曲，有的是冀东地区的，有的是接近东北地区的。《大姑娘爱》等特色秧歌曲，在东北地区的秧歌里面也有。

昌黎地秧歌有一个最大的特点就是伴奏非常"活"。这个"活"指的是唢呐吹奏的灵活。在秧歌演出的过程中，舞蹈者和唢呐手之间不断对话，彼此交流，默契配合，相互之间产生极强的共鸣。在原有音乐节奏的基础上，唢呐的韵味、节奏、变化，与秧歌舞蹈者表演的动作、表情、情感的变化环环相扣、水乳交融。这是昌黎地秧歌的大杆唢呐伴奏里最突出的一个特点。如果这个演员情绪高昂，就会在某一个段落使劲表演，唢呐就配合他不停地吹下去，中间转换也听不出来，一气呵成。演员在某个场合跳的情绪稍微不那么高昂，那么可能唢呐的音乐在中间就变了。演员舞步只要一变，唢呐跟着就变，一首曲子中间断了又接了另外一首曲子，却让观众看不出来、听不出来。所以，唢呐吹奏的灵活性和应变能力非常强。有经验的唢呐手在一定程度上不仅能够提高秧歌的观赏性，甚至还能为秧歌舞蹈者救场，弥补表演过程中的一些不足。所以，昌黎地秧歌虽然是一个传统舞蹈门类，却少不了伴奏音乐为之增色。舞蹈者舞步、动作的"活"与唢呐手伴奏、情绪的"活"相互映衬、相得益彰，达到舞与乐之间的和谐。

排街秧歌和场子秧歌

从形式上看，昌黎地秧歌分为排街秧歌和场子秧歌两种。简单地说，排街秧歌是在街上一边走一边表演，人数较多，走街串巷，行进演出；场子秧歌是到一个特定的场地进行定点表演。

不过，排街秧歌和场子秧歌在舞蹈过程中并没有严格的划分，可以相互转换。比如排街秧歌队在街上舞着秧歌向前走，突然前面有一个十字路口，很宽阔，围观的人很多，秧歌队此时就可在这里停住，开始跳场子秧歌了。又或者是到了比较宽阔的街道，甚至是比较窄的街道，秧歌队伍看到前面摆有一张桌子（又称"喜桌"），上面摆着一些烟酒糖茶或者红包，这意思就是要求秧歌队伍在这停一下，要看队伍表演，这时秧歌队就会停下来做场子秧歌。另外一种转换形式就是打对台：两支秧歌队在排街秧歌的过程中相遇了，就要相互竞技，比谁的技术高，这时候双方就开始做场子秧歌了。这几种情况都属于排街秧歌和场子秧歌的相互转换，可以在行进中表演，也可以定点表演。

排街秧歌和场子秧歌各有特点：比如排街秧歌虽然是边走边舞，但是舞蹈者依然要做动作,依然要互相追逐、来回穿插、彼此逗趣;场子秧歌也是这样,定了场子之后,秧歌队伍开始"走场图",在走场图的过程中,互相之间还要逗趣、打闹、嬉笑。场子秧歌的不同之处是,它往往分成三部曲:第一个就是开场,又叫"打场子",是指把场子打开,秧歌演员通过打场、走场图的方式,把场地开阔地打出来,吸引观众过来围观;第二个是平秧歌,就是舞蹈者们一对一对地组合表演,比如是一丑一妞,或者是一丑一妞一扌,或者是丑、妞、生、扌四个一组,做一个临时的、即兴的组合,但是表演内容上没有固定的程式;还有秧歌小戏,通过戏剧化的情节设计,展现丑、妞、生、扌几种角色的性格和相互之间的情感。所以,开场—平秧歌—秧歌小戏就构成了场子秧歌的三部曲。

昌黎地秧歌的历史传承

昌黎地秧歌之所以如此繁盛,首先与整个昌黎地区的传统文化保留较好有直接关系。时至今日,昌黎地区依然保留着节令的秧歌聚会、民间的秧歌会演等表演活动,许多村庄、街道组织有专门的秧歌演出队,每逢公司开业、节日庆典等进行表演,为昌黎地秧歌的生存发展提供了宝贵的文化土壤。

其次,昌黎地秧歌能够广泛地传播、持久地流传,与秧歌艺人群体有很重要的关系。一是它有完整且原生态的传承。百余年来,昌黎地区的秧歌艺人们成长于相似的文化环境中,有些艺人之间多多少少都有些亲戚关系,这就便于秧歌艺人们长期交往、相互学习、彼此切磋技艺,让自身的秧歌技艺日渐增长,让本地的秧歌艺术长盛不衰。二是昌黎地秧歌有一个艺人群体,以几位著名艺人为代表,产生了带动效应和群体效应。往往一个舞种影响的大小,跟整个地区著名艺人有着直接的关系。有了这些领袖人物,就能带起一大片同辈、后辈的学习和效仿。比如说,河北地秧歌领袖人物王作云,他是晚清时期的一个民间文化人,也是地秧歌的研究者。他把原来非常松散的、原始的地秧歌,通过参照一些折子戏,比如《铁弓缘》,将地秧歌和戏曲结合,形成了"秧歌演戏"这一表演类型,创作出第一批地秧歌的经典作品。在带有故事情节和戏剧冲突的秧歌演戏作品中,丑、妞、生、扮等角色相互配合,进一步提高了秧歌的艺术性和趣味性,增强了表演可看度和吸引力,从而促进了秧歌的推广,扩大了秧歌的影响力。

到了第二代艺人,又把地秧歌原来的戏曲小戏更多地向生活倾斜,形成了一批非常有泥土气息的作品,人们称之为"秧歌出子"。这类作品深受老百姓喜爱,因为跟他们的生活非常贴近,这就为地秧歌开创了更大的发展空间。

到了第三代艺人,包括以著名民间艺人周国宝为代表的周派、以张谦为代表的张派和以卢凤春为代表的卢派等,几种地秧歌的风格流派各具魅力。周派的标志性动作是以小腹为轴心,展现身体动作的"三道弯",即脖子弯、腰弯、腿弯。三道弯讲究时间差和节奏差,时快时慢、刚柔并济,配合多变的扇花和丰富的面部表情,展现秧歌的动态美感。张派以胯部为主要动力,脖子转动幅度大,动作硬朗有力。卢派动作粗犷、奔放,脚部、肩部和双手的动律相差悬殊,跑、跳、翻变化莫测,妞和丑的动作交叉配合,一美一丑对比强烈。

第三代传人又在原来的基础上进行了升华,形成了一批比较完整的、经典的地秧歌节目。可以说地秧歌在民间能广泛地流传,与历代艺人尤其是一批杰出艺人的传播和发展息息相关。在这些艺人当中,应该说周国宝是最具代表性的。他生于秧歌世家,他的祖父叫周邦安,是一个著名的扮角。他从小受到熏陶,对地秧歌特别热爱。后来他又拜了多位名师,先是学扮,之后又学丑,最后定下来就演丑。周国宝最大的贡献是对地秧歌的改革和提升,其最有代表性的节目就是《跑驴》。

《跑驴》把昌黎地秧歌推向全国

昌黎地秧歌的舞蹈强调身体各部位相互配合,肩、胯、膝、腕扭动灵活,表现诙谐有趣。1953年，昌黎地秧歌节目《跑驴》在第一届全国民间音乐舞蹈会演大会中获得优秀奖，在第四届世界青年与学生和平友谊联欢节上获得二等奖。这是地秧歌第一次荣登"大雅之堂"，而借由《跑驴》，昌黎地秧歌走向全国乃至全世界。

周国宝、周国珍和张谦是《跑驴》的主要创作者。《跑驴》是在"赶脚"的基础上，通过不断改编、提高，创作而成的。赶脚实际上就是拿着驴鞭子赶驴。驴可以载人、驮货，赶驴曾是农村里边的一种营生。赶驴人受人雇用，通过驴运送货物，跟着驴在乡间来回跑。它本来表现的是平凡而粗重的农业生产活动，但是在周国宝的表演中，我们看到的却是俗而不丑、丑中见美、丑中见俏，这是他最大的特点。

关于周国宝，当地的老百姓有句话，叫："昌、滦、乐(lào)，谁不知道？"意思就是周国宝是块宝，咱哪能不知道呢？为什么这样说？因为在昌黎、滦县和乐亭这一片地区，周国宝是非常有代表性的秧歌艺人。他演丑，他的弟弟周国珍演妞，两人经常配合演出。周国宝的动作非常飘逸、优美，既俏又稳又飘还匀，这是民间给予他的评价。民间给他起个绰号，叫作"秧歌精"，就是说他秧歌演得太好了，都已经成精了。张谦也是非常著名的丑角，民间给他起了个不太雅的绰号，叫作"活屁股"，实际上就是说张谦在表演的时候，他的肩、腰、脖、胯非常灵活，尤其是胯部和臀部的摆动，表现力极强。

《跑驴》中的驴道具是挂在身上的驴，也就是"倒挂驴"，是王作云从北京灯会中受到启发而引入地秧歌的。1949年后，《跑驴》经过改编升华以后更贴近当时的社会环境。说的是一对农村小夫妻牵驴去走亲戚，路上遇到一个泥沟，驴腿陷进去了，怎么拔也拔不出来。这时候另一个正在劳动的农民看了以后过来帮忙，三个人想尽办法把驴从泥沟里面拉出来了，最后这对夫妻高高兴兴地去走亲戚了，就是这么一个非常简单的内容。扮演妻子的演员将驴形道具系于腰间，以晃动、小步蹭动模仿驴的动作和神态，妻子、丈夫、农民之间有说有唱有舞，十分生动。《跑驴》成功的关键在于其情节性表演，比如说驴惊，然后驴犟，再往后又是拔驴腿、敲驴、赶驴、打驴，妙趣横生，让人忍俊不禁。1953年，周国宝、周国珍和张谦到怀仁堂表演，他们的表演有很多的绝招，十分精彩，引人入胜，许多中央领导都非常欣赏这个节目，因此一炮打响，流传到全国。

传承人秦梦雨的艺术人生

秦梦雨表演昌黎地秧歌

秦梦雨是昌黎地秧歌第四代传人。1938年，秦梦雨出生在秧歌世家，自小便跟随同族太爷、著名卢派秧歌老艺人秦来学习昌黎地秧歌。身处冀东大地，秦梦雨从小就对昌黎地秧歌十分入迷，长大后也常常利用闲暇时间参加秧歌表演，逐渐成为十里八乡有名的秧歌艺人。对秦梦雨来说，沉浸在秧歌的人物中是最幸福的事，常常一舞上就忘记了时间，忘却了生活的烦恼。

秦梦雨的主要角色是丑角，丑角在整个昌黎地秧歌中是一个核心角色，也是体现秧歌队水平的一个非常关键的因素。往往是,一个秧歌队里有一个好的丑角,整个秧歌队的水平就提起来了。秦梦雨扮演的丑角有几个突出的特点:首先是他吸收了很多著名艺人的一些动态特征,比如肩、胯、腰,还有脖子的动态,融周派、张派、卢派多家之长,形成自己的风格。其次是秦梦雨的丑,是丑而不俗、丑中见美。他的技艺已经达到炉火纯青的地步了。还有一点可能是他跟大众接触得更多一点,并且现在秧歌表演整个的趋势更加大众化,所以他在表演当中非常大气、非常纯朴,很接地气。

秦梦雨在继承前人的基础上,吸收了众多著名艺人的表演经验,形成了自己独特的风格,从这点上说,周国宝、周国珍、张谦等人有自己的风格,秦梦雨也有他的风格,很难说谁比谁更强。应该说,老一辈人有老一辈人的风韵,秦梦雨有秦梦雨的特色。昌黎地秧歌随着时代的发展而发展,其舞蹈风格也悄然发生着改变。这

昌黎地秧歌表演

种变化有两点原因：

其一是时代变了，整个地秧歌变得更加大众化。原来的地秧歌有自娱成分，但更多地倾向于表演性。但现如今，老百姓接受得更多、参与得更多，尤其是随着秧歌社团的产生和发展，农村地区自动组成一些民间的舞蹈班子，这种大面积的普及使得地秧歌更加呈现出自娱和表演相结合的趋势。

其二是秦梦雨本身就是群众的一分子，由于这些社团、社区地秧歌的广泛普及，他和普通的秧歌爱好者们接触更多，常年彼此之间切磋技艺，这对他的表演有一定影响。因此，秦梦雨的表演就更接地气、更有乡土味，跟老百姓的情感交流更加直接和紧密。

继承传统，发展创新

作为国家级非物质文化遗产项目代表性传承人，秦梦雨一直肩负着继承传统秧歌艺术的责任。"《跑驴》用的鞭子，演《铜缸》用的挑担和小板凳，丑行戴的裘帽，《跑驴》用的串铃"，这四件都是师父秦来当年表演的道具，传给他后被他称为"四件宝"，珍藏多年。这些古董级道具是秦梦雨传承秧歌的传家宝，他平时总是舍不得用，只有重要的演出场合才会拿出来演示。

为了完成传承发展的重任，秦梦雨近年来广收弟子，毫无保留地将自己的秧歌技艺传授与人。他的主要徒弟有杨常青、侯海波和贾学山，都是昌黎地区土生土长的农民。徒弟们都是自然接触到秧歌艺术，通过耳濡目染，并在机缘巧合之下，看到秦梦雨的表演而为其秧歌艺术所折服，拜他为师，系统学习秧歌技艺。

然而，当前秧歌的传承却面临许多现实问题。随着非遗原生文化环境的变化，许多人鲜有机会接触到非遗的艺术形式，使得非遗原本的传承方式发生改变。很多非遗技艺都是通过"非遗进校园"的学校教育或者是艺术特长生进入专业艺术院团的专业教育等渠道为人熟知和掌握。这种传承方式的变化是整个社会发展大趋势所决定的。传承方式的变化主要有以下几个原因：

其一是现在整个民间舞蹈的社会功能由原来的拜神、拜佛的宗教信仰或者民间习俗，转到了健身、娱乐这个方向，民间舞蹈的社会功能发生了变化。

其二是大量农村青壮年劳动力进城务工导致传承人才短缺。原来的农村传承主要靠的就是这些青年，现在随着城市发展，大部分青年都转移到城里工作、生活。解决生存问题是其第一任务，因此他们很少参与这些自我娱乐的表演活动。

其三是现在人们的审美和艺术追求产生了变化，使这些传统的东西面临传承的困难。物质生活的进步带来了人们文化娱乐生活的充实，许多传统的文化形式难以满足人们的文化需求。因此，地秧歌的舞蹈动作近年来也产生了许多变化。虽然秧歌中的角色本身变化不大，但是由于审美的不同，在动作内容上不像以前那么收和敛，更多的是开和放；在体态的变化上，也更加符合现代人的一些要求。地秧歌的动作中那种旧的感觉少了，现代气息更浓郁了。

秦梦雨能够完整掌握秧歌技艺，形成自己的舞蹈风格，成为国家级非物质文化遗产项目传承人，除了天分，还有几个重要的条件：首先，传承人都有一个完整的传承谱系，一般以家族传承居多。这种代代相传能够把家族的、优秀的、经典的东西传承下来。其次，他必须是大家公认的舞蹈种类或形式的最有代表性的艺人。再次，传承人对技艺的方方面面，包括历史、表演内容、音乐等，要全面了解，而且能传授给徒弟。简单地说，他就是地秧歌这个舞蹈种类的"活字典"。最后，他为舞蹈的传承和发展做出了比较突出的或者重要的贡献。

学秧歌，首先要热爱，没有一颗挚爱之心，不管是秧歌还是其他技艺，都是学不好的。其次，学秧歌，要了解它的过去和现在，以及相关的一些知识，只有了解了这些知识，才能更深入地了解和表现舞蹈。再次，学会这个舞蹈的基本动作、套路之后，还要钻研它的韵味、风格、特色、小份儿，把握舞蹈中细小的味道和特色。最后是持之以恒，坚持下去就会越来越好。

现在政府大力支持"非遗进校园"，推动传统文化艺术在社团群体中的普及，这是延续民间艺术一个很好的方式。我们要继续这么做下去。与此同时,还要勤于、善于培养合格的传承人、接班人,再攀非遗艺术的高峰。

公开课主讲人梁力生与主持人刘芯会合影

（整理者:刘芯会）

第六讲
凤台花鼓灯

梁力生 主讲

花鼓灯的流传

花鼓灯是集舞蹈、灯歌和锣鼓音乐等内容于一体的汉族民间歌舞,多在农村秋收完毕到来年春耕以前演出,尤以庙会、春会时最为兴盛,具有广泛的民间基础和悠久的历史传承。

历史上,花鼓灯主要在安徽北部淮河流域中段的沿河两岸流传。20世纪50年代,国家有一个"治淮工程"。历史上黄河曾多次决口夺淮。由于长期受黄河泛滥、淤积影响,淮河流域水系混乱,河道排水不畅,洪水缺乏出路。这些自然、历史条件使淮河流域成为一个水旱灾害频发的农业低产地区。这样的地理环境,造成淮河两岸民不聊生,带给人民的经常是颗粒无收和生活贫困,凤台花鼓灯就是在这样的自然环境下诞生的。与此同时,淮河两岸的人民在与自然环境作斗争的过程中,形成了既纯朴又彪悍的民风。人们的物质生活没有保障,精神生活就更贫乏了。所以在这样一个缺乏精神生活的地区,有一株民间艺术的幼芽在那里萌发,很快就被人们接受和喜爱。这是凤台花鼓灯诞生的人文因素。

凤台花鼓灯由于是在民众当中诞生的,民众自发地参与其中,所以它是民众心态的自然流露。花鼓灯里参与的人彼此称"玩友"——一块玩的朋友,即兴表演,十分轻松,常以一种相互玩耍、逗趣的方式"玩灯"。这也说明花鼓灯这种民间艺术形式,其演员和观众之间的关系十分贴近。从表演内容上讲,凤台花鼓灯非常接地气、乡土味十足,它在这样一种民众的土壤中生成,自然就会广泛地流传。在流传过程中,又与安徽当地的推剧等邻近艺术形式相互借鉴,得到了极大的发展。因此，花鼓灯的形式、内容、艺术表现力都极为丰富，具有独特的风韵。

花鼓灯的艺术特点

近百年来，花鼓灯在淮河地区广泛流传，主要集中在皖北地区的淮南市和蚌埠市及下辖的县、乡镇，在凤台地区也是比较早地流传下来。花鼓灯的内容主体是舞蹈，还包括歌唱、后场小戏、锣鼓演奏等。花鼓灯的表现形式分前场和后场，前场主要指"大花场""小花场""盘鼓"等部分，后场有大量的小戏。这几部分都具有丰富的内容、表现形式和技巧。大花场是一种集体的情绪舞，表演人数由十多人到数十人不等；小花场是花鼓灯舞蹈的核心部分，多为双人舞或三人舞，主要表现青年男女谈情说爱、玩乐嬉戏的情景，包括基本程式表演和即兴发挥表演，有简单的情节；盘鼓则没有固定的表演形式，是舞蹈、武术、技巧表演相结合，又具有造型艺术特征的表演形式，盘鼓又细分为上盘鼓、中盘鼓、下盘鼓，因角色功能不同分为大鼓架子、小鼓架子等，种类多样。在花鼓灯中，后场小戏也很重要，它是一种歌舞结合的小歌舞剧，代表剧目有《四老爷坐独杆轿》《推小车》《小货郎》等。

花鼓灯与推剧的发展相互关联，难解难分，许多推剧演员都曾是花鼓灯艺人。推剧是20世纪三四十年代，花鼓灯艺人为丰富玩灯内容，融合当地凤阳歌、琴书和民歌小调的腔调，加上过门儿，形成四句腔而创作出的一个剧种。因为唱腔的基本调式就是四句，整个推剧就是来回推，反复演唱，故取名"四句推子"。由于起承转合的四句式唱腔曲调柔美、地方色彩浓郁，又被当地群众称为"一条线调"。一些花鼓灯老艺人如陈敬芝、宋廷香等，他们本身就是推剧演员，在原来弦子灯（当地的一个地方小戏）的基础上不断发展，用板胡、笛子等乐器伴奏，加入自己创作的唱词，丰富了推剧的艺术表现形式。所以推剧和花鼓灯，很难分清楚绝对的界限，只不过1949年后，它们所走的路不同：推剧往地方小戏、戏曲化路子上走；花鼓灯则走上全国大舞台，逐渐专业化，得到普及提高，最后走向传统舞蹈这条路。

花鼓灯的发展

1952年,安徽花鼓灯曾到北京中南海怀仁堂为中央领导表演。演出结束后,中央领导热情地接见了演员,周恩来总理曾盛赞花鼓灯为"东方芭蕾"。随着影响力和传播范围逐渐扩大,花鼓灯经历了一个由敬神、娱神到娱人、自娱的转变过程,最终成为真正的大众休闲文化。

花鼓灯群众基础深厚,流传地域广泛,为它提供了丰腴的传承土壤,一度蓬勃发展。1983年我参与十部"中国民族民间文艺集成志书"的编纂与调研,在编辑部中任编审。"安徽卷"的编纂是我主要负责的工作之一,因此,我曾多次到安徽录制花鼓灯的演出录像。当时参与花鼓灯舞蹈摄制的二十多个艺人都是各方代表,他们每个人各有擅长的动作,各有绝活儿。这也体现出花鼓灯是在原生文化环境的自然流传中不断形成的民间技艺。比如说淮南八公山一场庙会中,有一百多台花鼓灯在山上互相竞技,争奇斗艳,形成了一场花鼓灯热。所以,花鼓灯从20世纪50年代初一直到20世纪末都在蓬勃发展。

凤台、怀远和颖上县汇聚了花鼓灯的几大主要流派。虽同属花鼓灯艺术,但它们的风格又有所不同。凤台地区的花鼓灯着重人物情感刻画,动作细腻优美;怀远地区的花鼓灯动作轻捷矫健,潇洒倜傥;颖上地区的花鼓灯节奏较慢,舞蹈结构严谨,风格古老质朴。凤台花鼓灯作为花鼓灯舞蹈的重要一支,是淮河文化在舞蹈方面的集中体现。在凤台地区这一流派中,以老艺人陈敬芝(本名陈孝恭,字敬芝,艺名"一条线")为代表,他的舞蹈特点是感情表达特别细腻,动作非常优美,尤为突出的是他丰富的扇花表演,这是凤台花鼓灯比较典型的艺术表现手段之一。

男性反串兰花

花鼓灯男角称"鼓架子",女角称"兰花"(或"拉花")。京剧四大名旦、四小名旦,都是由男性反串出演,他们把相关表演艺术提升到一个极高的水平,花鼓灯也是这样。历史上,花鼓灯的女角兰花均由男性扮演,直至1949年后才由女性演员扮演。究其原因,一方面,主要是明清时期受封建礼教的桎梏,很多妇女常常大门不出、二门不迈,不能抛头露面。女性很难参与花鼓灯这种"野路子"的艺术表演,但是花鼓灯里面又不能没有女性角色,所以有一些长相俊俏的男性就来反串女性,比如说陈敬芝年轻的时候,非常俊俏,所以他就饰演兰花。这样,慢慢地产生出一批擅演女性的花鼓灯艺人,比如说冯国佩(艺名"小金莲")、陈友兰、郑九如……很多男性老艺人都是兰花的杰出表演者。

另一方面,男性扮演兰花没有什么约束,思想不会受到特别多的限制,可以把女性的外形和性格特点更加外放地表现出来。比如花鼓灯的典型动作"三道弯"(又称"三掉弯"),强调腰部的扭动,是东方舞蹈S形这一重要特征在花鼓灯中的充分体现。兰花在表演"三道弯"时妩媚的表情、体态,通过大胆的动作夸张、放大出来,形成了很多非常有意思的表演。当时有句顺口溜是这么说的:"看见一条线,三天不吃饭;一条线一走,睡倒九十九;一条线回头看,起来一大半。"这体现出陈敬芝在民众中受欢迎的程度,也展现了一位成功的反串演员能够打破性别的限制,让角色深入人心。

邓虹的良师——陈敬芝

陈敬芝是一位非常敦厚、善良的老者。我大约在四十年前就跟他有过接触。20世纪80年代,我多次赴安徽调研花鼓灯,与正值盛年的陈敬芝有深入的交往。陈敬芝从十三岁开始学习花鼓灯。他说话细声细语，看上去很低调，其实很有思想、抱负。陈敬芝的花鼓灯艺术表现力很强。他的扇花丰富多彩，体形上呈现三道弯，在步伐上，有"上山步""小起步""秀步"等招牌动作，再加上动作上的"颤、颠、抖"，配合演唱中的委婉细腻，含蓄而有韵味，这些技艺组合起来构成了陈敬芝最大的艺术特色。后来，陈敬芝到凤台文化馆工作，通过自己的努力，办起了凤台的花鼓灯艺校，为花鼓灯的传承和发展做出了突出贡献。

《游春》是陈敬芝的代表作，是花鼓灯的一个单人表演、单人小场，表现一个少女在春光明媚的时候，走在田野上，看着周围的秀丽景色，抒发内心的情感。这时候少女的心花怒放、轻松愉悦的心情，通过满天飞舞的扇花加以展现，变幻莫测的扇花又好像蝴蝶围绕着少女舞蹈一样，更进一步凸显出陈敬芝的那种"颤、颠、抖"三道弯的体态，将花鼓灯艺术表演得淋漓尽致。

陈敬芝与邓虹前后辈，同为花鼓灯（凤台花鼓灯）项目国家级非物质文化遗产国家级代表性传承人。二人从20世纪50年代起同为凤台县推剧团的演员。当时，凤台县推剧团内的陈敬芝、詹乐亭（艺名"盖九江"）、李兆叶（艺名"小猫春"）等老艺人带刚入团的小徒弟们学习花鼓灯。最初，由于传统的花鼓灯传承都属于口传心授的民间自主自发学习，没有专门系统的教学，因此，许多老艺人在推剧团的教学中也没有形成教学方法和套路，通常是自己在前面表演，让徒弟们跟在后面模仿。后来，陈敬芝等老艺人专门到省艺校、舞蹈学院等专业院校进行了系统的进

> **小知识**
>
> 颤、颠、抖三道弯是花鼓灯的一种专业术语，主要是指在整个运扇的过程当中伴随的身体颤、脚跟颠和肩膀抖。在这个动作过程中，整个扇花还在周身环绕。舞蹈动作形成的肩、腰、胯呈现出一种曲线形态，仿佛是三道拐弯。简单说，三道弯动作实际上是为了表现女性身体的曲线美。

修,回来后为传统的动作、套路命名,如"上山步""三道弯"等,让剧团的徒弟们能够简单易懂地掌握舞蹈动作,进行更加科学、专业化的训练。

陈敬芝是从旧时代过来的人,所以他表演的花鼓灯角色风格更多地体现出那个时代女性的内敛、含蓄。比如花鼓灯里面有一个经典动作叫"凤凰三点头",实际上就是表现鼓架子和兰花之间在表达情感的时候,相互之间的一种偷看。它的锣鼓点是"锵锵咚锵,咚锵,咚锵,咚锵",后三下鼓点,配合兰花的三次点头。陈敬芝在表演兰花的时候是不敢直视鼓架子的,只是拿眼睛瞟着,偷偷地看,这体现了那个时代妇女或者少女一种保守的心态。邓虹在表演的时候,就很少有那么含蓄、娇羞的感觉和那种不敢看的神态,她的表演体现了比较开放、大胆、直率的女性性格,展现了现代女性的特点。所以陈敬芝更偏向于传统,邓虹更多地受到现代审美的影响,更加开放。另外,在邓虹的兰花表演中,整个动作的线条更加专业化,体现出接受过舞蹈训练后的规范程式。

花鼓灯的盘鼓和小花场

花鼓灯有一个非常重要的表现形式,叫作盘鼓。盘鼓又分上盘鼓、中盘鼓、下盘鼓。上盘鼓就是站肩,人摞人、叠罗汉。站一层人叫"二节杠",站两层人叫"三节杠",最多能到"四节杠",上面站六七个人。上盘鼓的站肩,比如鼓架子扛着兰花出来的这个动作,原先经常做,后来出于安全考虑,许多演出就取消了。中盘鼓大部分动作都在腰和腿,托举和技巧都在这儿。做上盘鼓的主要是大鼓架子,就是起支撑作用,用来扛人;小鼓架子主要就是做中盘鼓、下盘鼓的动作,也做托举的动作。下盘鼓主要是地面的技巧和两人的配合,如翻滚、穿插。这种下盘鼓的动作现在还有,这就要求男性角色具备较强的舞蹈功底,并且能够很好地完成翻跟斗等动作。因此需要花鼓灯表演中的男性角色具有矫健的身手、豪放的性格,只有这样才能将花鼓灯中爽快的人物性格表现得淋漓尽致。此外,花鼓灯当中还融入了很多武术动作,有些是经过改编的,有些是直接使用的,因此男性角色在表演中对兰花具有很强的主动性。

小花场的形式有单人小花场、双人小花场和三人小花场,一般最多就是三个人。在民间表演和传统的小花场里面,单人小花场比如陈敬芝老师的《游春》,就是一个人表演,表达兰花这一个人的内心情感。双人小花场在花鼓灯的各个流派中都有,围绕的主题都是一男一女之间产生了爱慕之情,但是爱慕之情又没法表达,鼓架子就抢兰花的手绢或者抢兰花的扇子,通过这种"抢"来把自己的情感表达给对方。围绕一个"抢",中间设计很多情节和趣味性的内容,细腻刻画角色内心的情感,也把角色之间的矛盾冲突很好地展现出来。三人小花场主要是一个小男孩和两个兰花,他们三个人围绕着一张长板凳来抢。怎么抢?最后谁抢到板凳?他们之间也是互相斗智、耍心眼,最后终于有人把板凳抢到手。它的基本情节很简单,但是充满趣味性。

邓虹的艺术人生

邓虹出生于怀远县,家中三代都是裁缝。1957年,凤台县推剧团到怀远县演出,十三岁的邓虹刚刚高小毕业,也跑去看戏。自幼活泼好动的邓虹在同学们的鼓励下考取了推剧团,成为一名专业戏曲演员。在那个年代,推剧团没有固定的团址,所有的演员都打上背包在各地巡演。父母亲不愿意小女孩学唱戏。邓虹在姐姐的支持下,独自加入推剧团并开始到淮河两岸各地流动演出。推剧属于地方剧种,在许多地方的巡演中格外受当地老百姓欢迎。推剧团白天训练、晚上演出,演出任务十分繁重,邓虹也进步飞快,入团没多久便出演了《穆桂英挂帅》《穆桂英招亲》《虹霓关》等大戏,并在《白蛇传》中饰小青一角。后来,凤台县推剧团改建剧场、扩大规模,分派一部分团员出来,成立了凤台县文工团,专门表演花鼓灯。从1958年起,邓虹与搭档张士根一起,跟随团内诸多老艺人系统学习花鼓灯。她善于吸收各个流派老艺人舞蹈的特色,融汇到自己的舞蹈当中。

年轻时的邓虹

1984年,凤台县委、县政府为了抢救花鼓灯,成立了花鼓灯推剧培训班,面向农村招收学员,邓虹与张士根等原剧团团员被派到农村开展花鼓灯教学工作。花鼓灯培训班实行免费教学,每位学员每月补助十块钱,由于老师少,孩子多,教学条件十分艰苦。他们租用农机站的仓库做练功房,几间瓦房做宿舍。为了完成教学工作,不让花鼓灯的传承断档,邓虹等人白天奔波七八里地,往返于城乡之间,夜里还要轮流值班,看护住校的农村学员。经过几年的努力,这个艺训班排演的节目接连获得省、市级奖项,许多学员后来考取了专业院团。邓虹与张士根这对老搭档一直深耕花鼓灯的传承教学,每年暑假到凤台县的顾桥小学开办花鼓灯学习班,由邓虹带女孩学习兰花,张士根带男孩学习鼓架子,许多学员都对花鼓灯学出了感情。几经周折，1998年，凤台县成立了花鼓灯艺术职业中专学校，开始作为专业院校招生。后又成立了花鼓灯艺术团，不断创新排演新编剧目并到各地演出。1998年，邓虹带领花鼓灯艺术团赴香港、珠海等地参加中秋文化交流活动。艺术团排演的《欢腾的鼓乡》等节目成为第二十九届世界年会暨第六届亚洲民间艺术节开幕式表演节目。

邓虹在教授学员之余，还坚持演出，她与张士根合作的小花场多次在国家级、省市级比赛中获奖。这对老搭档合作超过六十年，其中"站肩"是二人的拿手绝活儿。当时的演出场地环境简陋，但无论是刮风下雨，无论是水泥地还是板砖地，二人从未发生过一次事故，配合十分默契，且经常是跳到兴致最高处就即兴地站肩，将演出气氛推向高潮。

花鼓灯的传承与创新

花鼓灯是中国艺术百花园中的一朵奇葩，具有独特的风韵和艺术魅力。从新中国成立至今，它的声誉与艺术魅力也越发被全国乃至全世界观众认可。近年来，包括安徽省内的一些专业院团也组织团体到国外去交流，参加世界范围的一些艺术活动。花鼓灯艺术得以在专业院校、院团推广、普及和提高，并持续保持一个发展的势头，比较突出的是北京舞蹈学院和安徽艺术职业学院把花鼓灯作为民间舞蹈专业的必修课，让学生在校学习的整个过程中，作为一个重要的学习内容进行考核。从这一点可以看出专业院校对花鼓灯的重视程度，这对花鼓灯的传承产生了积极的影响。

传承与创新是非遗保护工作的一个大话题。实际上，民间艺术也好，其他艺术也好，根本的功能都是为社会服务。民间艺术在非遗保护工作中，既要保留它的精华和血脉，又不能守旧，否则就可能被社会抛弃。很多民间艺术最终传承不了而走

邓虹(中)传承教学现场

向消亡,就是这个原因。所以,传承就是要坚持不懈地做下去。创新也是必须的,但是非遗的创新有一个最基本的原则,就是必须在传承的基础上创新,必须要保留传统文化的精髓和根本,在这个基础上不失神韵地创新而不走样。传承人邓虹在这一点上做得很好,她在花鼓灯艺术的传承中不遗余力,通过下乡教学、创办花鼓灯学校、率领艺术团去全国各地及国外演出等方式,让凤台花鼓灯的艺术影响力不断扩大。她在退休后还坚持给业余团体教学,到老年大学去教授花鼓灯艺术。她还改编花鼓灯健身操等,降低学习花鼓灯的门槛,扩大受众范围,让花鼓灯艺术在精湛的舞台表演之余,还能走下舞台、走向大众,真正做到"人民的非遗,人民共享"。

(整理者:刘芯会)

第七讲
刘永周与腾冲皮影戏

张刚 主讲

张 刚

　　张刚（1955— ），戏剧戏曲学博士，文化和旅游部民族民间文艺发展中心原副主任、研究员、学术委员会主任，中国戏曲音乐学会名誉副会长。担任国家社科基金重大项目"中国戏曲音乐集成"总编辑部主任、"中国节日志"丛书执行副主编兼编辑部主任、"十一五"艺术学文化部重点课题"中国戏曲、民间音乐、民间舞蹈现状调查"副主编、国家科技基础性工作专项项目"中国民族民间文化空间信息整编"负责人。出版专著有《艺术教育学》（合著）、《一曲多用——从现象到本质》《戏曲音乐美学研究》，主编国家出版基金项目《中国京剧大典·音乐典》和"老唱片"丛书。国家级非物质文化遗产代表性传承人记录验收工作专家。

皮影戏的历史

皮影戏又称作"影子戏"或"灯影戏",是我国较早出现的民间戏剧艺术。关于其起源时间有多种说法,有"汉代说""唐代说""源于印度说"等,也有说汉唐无影戏。"汉代说"源自一则故事:汉武帝的爱妃李夫人染疾故去了,汉武帝思念不已,精神恍惚。忽一日汉武帝梦到李夫人,醒来后他想与李夫人再见一面,便找来方士设坛作法。他在帐帷里看到烛影摇曳,隐约见一身影翩然而至,却又徐徐离去,便凄然写下:"是邪,非邪?立而望之,偏何姗姗其来迟。"并命乐人配以管弦,歌唱这首诗。汉武帝又亲自作赋,伤感悼念李夫人。以下为史籍记载:

上思念李夫人不已,方士齐人少翁言能致其神。乃夜张灯烛,设帷帐,陈酒肉,而令上居他帐,遥望见好女如李夫人之貌,还幄坐而步。又不得就视,上愈益相思悲感,为作诗曰:"是邪,非邪?立而望之,偏何姗姗其来迟。"令乐府诸音家弦歌之。上又自为作赋,以伤悼夫人……

(《汉书·外戚传·孝武李夫人》)

后人多将上述记载作为皮影戏的最早起源,如宋代高承《事物纪原》(也有说为明人之作或明人增并)卷九"影戏"条说:

故老相承,言影戏之原,出于汉武帝李夫人之亡,齐人少翁言能致其魂,上念夫人无已,乃使致之。少翁夜为方帷,张灯烛,帝坐他帐,自帷中望见之,仿佛夫人像也,盖不得就视之。由是世间有影戏。历代无所见。

皮影戏到宋代已经很成熟了,如《事物纪原》中记载:"宋朝仁宗时,市人有能谈三国者,或采其说加缘饰,作影人,始为魏吴蜀三分战争之像。"(《四库全书》本)宋代《续明道杂志》《东京梦华录》《都城纪胜》等书都有关于皮影戏的记载。

明清时期,皮影戏艺术发展到了鼎盛时期。当时很多官第王府、名门望族、乡绅大户,都以请名师刻制影人、蓄置精工影箱、私养影班为荣。乡村城镇,大大小小的影戏班比比皆是。逢年过节、喜庆丰收、祈福拜神、嫁娶宴客、添丁祝寿,人们都要搭台唱影。如辽宁的凌源,正月十五唱"灯会影",三月三唱"祭河神影",四月二十八唱"娘娘影",五月初五唱"雹神影",五月十三唱"关帝影",六月二十四唱"龙王影",七月七唱"喜鹊影",马产骡驹唱"骡子影",庆贺丰收唱"喜庆影",因事许愿唱"愿心影",为老人祝寿唱"庆寿影"等。

在13世纪,皮影戏还随着军事远征和海陆交通,相继传入波斯、阿拉伯、土耳其、暹罗、缅甸、马来西亚、日本及欧洲的英、法、德、意、俄等地。

皮影戏的表演方式

皮影戏的表演方式和戏曲舞台上真人的表演差别很大,传统的皮影戏是一种用蜡烛或燃烧的酒精灯等光源照射兽皮或纸板做成的人物剪影以表演故事的民间戏剧。现在流行的皮影戏的影人一般由牛皮或驴皮制成,而早期的影人是由羊皮或纸制成的。宋代吴自牧所著的《梦粱录》说:"有弄影戏者,元汴京初以素纸雕簇,自后人巧工精,以羊皮雕形,用以彩色妆饰,不致损坏。"表演时,艺人们在白色幕布后面,一边操纵影人,一边用当地流行的戏曲或皮影唱调演述故事。清嘉庆十四年(1809)续修《滦州志·风俗》载:"正月……至十四五六等日,凡城市乡村多筑秋千为嬉,夜则张灯演影戏（原注：用板筑小高台，后围以布，前置长案，作宽格窗，蒙以绵纸，中悬巨灯。乃雕绘细驴皮作人物形，提而呈其行于外，戏者各肖所提脚色以奏曲）。"

各地皮影戏的人员组成和表演形式不同。河北、东北的皮影戏班是一个体系的不同流变，因此大同小异，"七紧、八松、九消停"，就是说，八个人可以轻松应付，七个人就要紧忙活，九个人就有点浪费，就有人闲着。如冀东皮影，有操纵者两人，称"拿影的"或"拿线的"；一个乐师，叫"打着的"，负责打所有武场乐器；一个四弦师，也叫"拉着的"；剩下的就是唱手了，分别演大（净）、小（旦）、老旦、生、髯、毛净、丑、妖等角色。上海奉贤的皮影戏班人数也较多，一般以二人（称"上手"）操纵为主，另有一名副手（俗称"翻箱子"）专门为上手传递人物道具。乐队由"细乐"（唢呐、笛子、二胡、琵琶或三弦）和"粗乐"（鼓板、锣、钹）组成，一人兼奏一两件乐器。陕西、甘肃等地的皮影戏班则是"五人忙"。如西安皮影戏班的组成，"前首"弹月琴兼唱念，连带打堂鼓、边鼓、手锣；"灯底下"负责操作皮影全部人马活动及景物道具布置，有时兼管帮腔；"上档"操乐器二弦子、铙钹，兼管唢呐、大号，有时帮腔；"下档"操板胡，兼管唢呐、大号，还需帮助"灯底下"掌签子、择人马、接头、添油、拨灯，有时帮腔；"后曹"操碗碗、梆子、铰子、大锣和马锣，有时帮腔。湖南多是四个人的班子，一人操纵影人加唱念，其余三人操乐器伴奏。山东、湖北、四川大多数是两个人，一人操纵影人带唱念，一人敲击锣鼓或演奏胡琴。只有山东的泰山皮影是一个人表演，双手操纵影人，双脚击打锣鼓，再加上演唱念白，叫"十不闲"。

各地皮影戏影人的大小差别也很大，有"大皮影"和"小皮影"之别。小皮影一般都是在三十厘米左右。北方的皮影戏大多都是小皮影，而大皮影最大的有一米左右，如成都大皮影。腾冲皮影戏就是大皮影。腾冲的影人（腾冲当地称"靠子"）多以牛皮制成，形体较大，高约五十厘米，造型朴实。

音乐上，一部分有自己的皮影腔，如陕西的老腔、弦板腔、阿宫腔、碗碗腔，北京的影子腔，滦州和东北的影调，山西孝义的皮腔。其余地方的皮影戏音乐同地方戏或其他曲艺形式一致，如成都皮影戏唱的是川剧，沔阳皮影戏唱的是沔阳渔鼓，陆丰皮影戏唱的是白字曲，浏阳皮影戏唱的是湘剧，宝鸡皮影戏唱的是秦腔，鄂西北一带有唱山二黄的"西革"影戏，唱本地高腔的"汉革"影戏。反过来，也有许多戏曲剧种是由皮影戏发展过来的，如陇剧之于陇东道情皮影戏，唐剧之于唐山皮影戏，黄龙戏之于东北皮影戏，碗碗腔之于碗碗腔皮影戏等。

由于早期的"影卷"（即皮影戏唱本）多来自讲史，早期皮影戏在演唱上可能更多受到宝卷（宣卷）的影响。宝卷是由唐代寺院中的俗讲、变文演变而来的一种中国传统说唱文学形式，唱词格式以七字句、十字句的韵文为主，这也是皮影戏的主要唱词格式，当然后来皮影戏又发展出更多的格式，如北方皮影戏的五字赋、三字经、三赶七、楼上楼等，也有唱曲牌的。此外，宝卷称卷，影卷也称卷。北京民俗学家金受申在《滦州影戏》一文中说："（滦州）影戏最初是宣扬教化的工具。一直到光绪二十年（1894）前后，还称'宣卷'，以后才称影戏。"因此，皮影戏虽然有了人物，有了对白，属于代言体，但大多数的皮影戏还是一个人演唱。另有一个或多个扦手（操弄影人者），还有单独的伴奏者。

皮影戏表演对着观众的就是白幕布，称作影窗，也称"亮子"。传统的影窗有纸质的，也有纱质的，现代影窗都是用白布绷成的。演员在幕布后操弄着影人表演，灯光将影人的形象投在幕布上，由于影人的操纵离幕布时远时近，就形成了虚虚实实的形象，这和我们在舞台看到的真人演出差别就很大了，那种腾云驾雾的感觉就出来了，特别是历史、神话题材的剧目，表现起来更如鱼得水。至于表演技法，各地皮影艺人都有自己的创造。有一句话可以概括皮影戏的基本表演特征：一口道尽千古事，双手舞动百万兵。

腾冲皮影戏的传承脉络

腾冲在明初以前主要居住着少数民族。明洪武年间，大将傅友德、沐英等率大军进入云南，开始了汉族大量迁入腾冲的历史。随着明代及其以后在腾冲的屯军、屯田，大批汉族移民进入，汉族的皮影戏也进入腾冲。

腾冲皮影戏传人刘永周家所在的固东镇甸苴属于明代屯军之所的"前所"范围。明洪武十九年（1386），沐英奏请屯田，"军居曰屯，民居曰村，夷居曰寨"，那时候甸苴就称为甸苴屯，属于军屯。据《腾越州志》记载："前所，从洱海卫调，多江南、山东、湖广籍。"今甸苴的郑氏宗祠还有一通明万历年间的《甸苴屯军余牧场案判决碑》，内容是通过牧场的判决，以保护军余的利益。军余，就是没有取得正式军籍的军人。

腾冲皮影戏具体的传入时间和传入途径，现在已经不可考了。也就是说，腾冲的皮影戏究竟是军屯带过来的，还是其他移民带过来的，抑或民间皮影艺人流动演艺遗留下来的，已经难以考证了。不过据浙江会稽人陈宗海纂修、郡人赵端礼同修，成书于清光绪十三年（1887）的《腾越厅志》说："古者寓兵于农，无事则耕，有事则战，有养兵之益，无养兵之费，诚法之善也……庙会、盂兰盆会聚众观影戏。"《腾越厅志》是根据旧志重修的，或可推断，腾冲在更早一些时候就有了皮影戏，这也和可考的影班形成互证。

腾冲最早可考的影班是清道光十年（1830）建立的张家寨皮影班和清咸丰二年（1852）建立的李家寨皮影班，代表人物是张老阔和李老白，至今已有二百余年。据刘永周说，皮影戏艺人张老阔祖辈是随明代屯军从江南一带移迁到云南的，据张老阔的墓志铭上说，张老阔生，名国玉，生于嘉庆八年（1803），幼习皮影技艺……才堪子世，享阳八十余寿。刘永周的曾祖一辈是师从张老阔和李老白学来的皮影戏，时间大概是在清光绪六年（1880），到刘永周是第四代。

此外，还有组建于清光绪十五年（1889）的腾冲洞山绮罗乡黄家巷的皮影班，组建于20世纪40年代末的中和乡民振村的皮影班，小西乡油灯庄的皮影班，都是先后从刘家寨学来的。

张家寨、李家寨、刘家寨都是甸苴行政村下的自然村，离得很近，两三千米的路。因此可以说，固东镇甸苴村是腾冲皮影戏的发源地。刘家寨的皮影戏是后来腾冲皮影戏的重要中继站。

清末民初到抗战之前，是腾冲皮影戏的繁盛期，很多村寨都演皮影戏，皮影班子被称为"堂"，最盛期有近百堂。

现在腾冲的皮影班在传承上也大多源自刘家寨，因此刘家寨的皮影戏可以代表腾冲皮影戏。腾冲皮影戏的特点可以从三个方面来理解：

一是音乐上，腾冲皮影戏的音乐是在云南洞经音乐的基础上，或者说是吸收了洞经音乐发展起来的，这和其他的皮影戏音乐来源是完全不同的。云南的洞经音乐是什么呢？它是大约在明永乐七年（1409）由四川传入大理，再由大理传到云南各地的一种道教音乐，后来广泛流行于民间，成为云南一个重要的民间乐种（也有专家如吴学源认为洞经音乐是发祥于大理的民间音乐）。但是这个民间乐种不同于一般的民间乐种，它更多流行于士人阶层，比其他民间音乐更加典雅、细致。这也是刘家寨皮影戏音乐的特点。腾冲的皮影戏艺人经常以影会友，会友的时候，是将洞经音乐和皮影戏结合在一起玩的。这就更促成了二者音乐风格的接近。另外，北方的皮影戏板式丰富，唱的多，大多通过唱腔来表现感情。腾冲皮影戏曲调不那么丰富，白多唱少，很多情感表达是通过有激情的道白来呈现的。

二是表演上，腾冲皮影戏的影人是大皮影，大皮影从表演上就会有自己的特点，它不像小皮影那么灵活，但是大皮影气势宏大，冲击力强，有着自己的表现风格。

三是影人色彩鲜明。腾冲的汉族人口占当地人口的大多数，但是和云南的大多数地区一样，腾冲是多民族混居的地区，除了汉族，还有傣、回、傈僳、佤、白、阿昌六个世居少数民族。腾冲皮影戏也在少数民族的节庆活动中做助兴演出。多民族的交往、交流，使得影人的色彩融合了少数民族的元素，比如，陕西华县皮影戏的影人以红、绿、黄三色为主，以黑色晕色柔化；唐山皮影戏的影人以红、黄、绿、白、黑设色；而腾冲皮影戏的影人以黑、红、绿、黄相间设色，其中，黑色占有重要地位，这与当地少数民族如黑傈僳尚黑的习俗有很强的一致性。另外，各种颜色相间设色和绚丽的色彩搭配，也与花傈僳的多彩服饰有着密切的联系。

第七讲 刘永周与腾冲皮影戏

前面说到,刘家寨皮影戏是从张老阔和李老白那儿传承下来的,但是刘家寨的贡献在于形成了自己特点的西腔。在东腔已经失传的情况下,刘家寨皮影戏可以说是唯一的腾冲皮影戏,影人制作和表演更加精细了,唱词也更加文学化了。

刘永周出生于皮影戏世家,是腾冲刘家寨皮影戏班的第四代传人。腾冲固东镇的刘家寨皮影戏班现在是云南仅存的皮影戏班子。刘永周从小受家庭环境的影响比较大,他继承了祖父、父亲的一些唱法和技巧。刘永周家族到他这一辈,已经是第四代的传人,他的儿子刘朝侃,现在也在经营皮影戏馆。很多皮影戏艺人或以唱为主,或以操弄影人为主,或以伴奏为主。刘永周是一个比较全能的艺人,除了这些,他还会刻影人。他刻的影人具有很强的艺术感染力。

刘永周说,以前是不论什么情况,不论什么年龄段,大家都很喜欢看皮影戏;但是随着电影电视新技术的影响,现在的年轻人不是那么喜欢看皮影戏了,只有老人爱看皮影戏。实际上在过去,腾冲地区看皮影戏大概有几种情况:一种是在庙会上、节庆活动当中,皮影戏班子要到举办地做助兴演出;一种是婚丧嫁娶,要请皮影戏班子去演出;一种是玩友玩皮影,玩皮影也是皮影戏传播的一个非常重要的渠道,他们经常把几个村子的玩友组织在一起,到一定时间就玩玩皮影,有时候也唱唱洞经;还有一种是堂会,当地有很多土司,要请一些皮影戏艺人到他们家里去唱堂会,或是过年,或是祝寿,或是其他理由。

每到年节的时候好多寨子都会邀请刘永周去演出,尤其是每年农历的二月初八,那天是傈僳族的刀杆节,都要请皮影戏班子去表演。如今在一些节日和节庆活动中,在一些家庭的喜庆活动中,皮影戏还是有它的演出空间。在年节或农闲时候,刘家寨皮影戏班收到的邀请还是很多的。刘家寨的皮影戏班成员更多的是半职业的,要组成一个戏班子,他们要到周边村寨去请人,组织起来挺费劲,因为目前皮影戏的演出活动毕竟不是一个常年性、商业化的娱乐活动,它要跟随民俗活动的时间节律来发挥它的社会功能。

中国北方很多地区都有专门的皮影戏台,如山西、河北。云南腾冲这个地方,皮影戏台也很多,一般都建在庙里。皮影戏演出前还有一些仪式,如祭戏师、戏祖等,还要写祈福的对联。最后要扫台的时候,用杀鸡血祭的方式来感谢神灵的保佑。杀鸡血祭是西南地区历史悠久的一种传统文化。

腾冲皮影戏的技巧和特点

有研究者说,腾冲皮影戏的唱腔分为两种:一种是刘家寨皮影戏班根据当地方言俗语加入民间小调、洞经音乐等形成的固定唱腔——西腔;另一种是绮罗皮影戏班将洞经音乐渐渐融入其唱腔和音乐之中,伴奏器乐增加了箫、弦和唢呐,演唱多以滑音出现,有别于刘家寨西腔的唱腔——东腔。

西腔的流传区域较广,除了绮罗地区运用东腔外,其他皮影戏班一律用西腔。其实所谓的东腔也属于西腔,东腔艺人也是从刘家寨学来的,学回去之后逐渐发展出东腔的。简单区分一下,就是西腔高亢激越,东腔更为细腻,更为悠扬婉转。因为东腔和洞经音乐有密切的联系,特别是伴奏乐器上,包括管弦、弦子,都和洞经音乐比较一致,所以相对来讲娴静一点。不过,因为传承的原因,东腔后继无人了,实际上已经消失了。目前很多研究者在进行东、西腔比较的时候,都是一种概念性的、含糊的比较。研究者只收集到了一段东腔唱腔《风吹海水浪悠悠》,以此来说明东腔的特点,显然是不充分的。

历史上虽有东、西腔之说,但现在腾冲地区主要是西腔。西腔以影人图像精巧、音乐节奏明快、表演情绪昂扬而著称,比如腾冲皮影戏的穿花技巧。穿花,在很多皮影戏当中都要用到,就是大战场面,当表现两个人物在马上或者地上来回打斗时,双手就要舞着两个影人来回穿梭,还不能乱套搅和,要有一定的规则和技法,这就是穿花技巧。刘永周的穿花技巧是腾冲皮影戏区别于其他皮影戏的一个特别之处。腾冲皮影是大皮影,大皮影在穿花的时候弱势明显,穿起来就不像小皮影那么灵活,但是如果掌握一定的技巧、创造一些特殊的表演手法以后,就会发现大皮影在幕前的表现更加壮观,打起仗来更加激烈,如果是神话人物,飞来飞去就如腾云驾雾一般。刘永周说,表演难度最大的是演《封神演义》里的独角怪兽龙须虎,一边要穿花,一边还要抖,表现那种激烈的场面。这需要练习很长时间才能够熟练掌握。刘永周的很多徒弟现在还没能掌握这个技法。

刘永周及徒弟表演《大救驾》

腾冲市文化馆馆长段应宗在采访中表示,纵观腾冲皮影戏的发展历史,刘尚荣与刘定忠是一个时代,刘永周则开创了一个新的时代,他的艺术造诣已经远远超过了他的祖父和父亲。腾冲皮影戏现在快要一脉单传了,因为除了刘家寨里刘永周的皮影戏班子以外,其他的皮影戏班再没有像他影响这么大的了,他身上掌握的那些技艺是非常珍贵的,应该传承下去。当然,刘永周生活的时代跟他祖父和父亲那个时代也不一样,遇到的各种艺术形式的冲击和影响比前辈要大得多,刘永周也有机会学到一些其他的艺术形式,对皮影戏的创新起到了非常重要的促进作用。每一辈的艺术家都有其精髓所在,不同的时代有不同的杰出艺人。刘永周的祖父和父亲达到了腾冲皮影戏的一个高峰,使腾冲皮影戏的戏腔固定下来,戏腔的表演手法更加完善;到了刘永周这一代,他把腾冲皮影戏更加完善、更有创造性地继承下来。

皮影戏艺人的独特本领

刘永周在口述中说,他可以表演和演唱的曲目非常多,掌握的剧本也很多,即使是没有剧本的戏观众也可以点。若把一本书或者一篇文字资料给他,他大概学习半天,到晚上就可以拿着书或文字资料演唱了。这种没有剧本也能表演的才能是民间皮影戏艺人的看家本领。过去的皮影戏,无论南方、北方的,有本子的唱本子(即影卷),没有本子的,别人给他讲一段演义小说,他晚上就能表演了。当然我们说没有本子不等于没有套路,民间的艺人要掌握很多表演的套路才能应对得了人家点戏。比如说,上场要做什么动作、要唱什么腔、要说哪几句词,开打的时候要说哪几句词,都有一定的套路。聪明的艺人能够在瞬间根据主家的需求把套路组织起来,这需要非常有创造性、非常聪明、基本功非常扎实,如此才能完成这样的任务。

打保境——有特色的民俗文化活动

在腾冲,特别是在固东镇这个地方,流行着一种民俗活动,叫"打保境"。打保境就是绕境巡游。这个民俗活动在中国存在很广泛,不过是名称不一样而已。比如,福建的妈祖祭典时,妈祖娘娘要巡游,保佑一方;北方的武安捉黄鬼、拉死鬼,也要在村子里巡游;福建省宁化县安乐镇夏坊村的七圣庙会,永安、大田的作场戏,江西的跳傩，广昌孟戏的三圣巡游，还有各地的城隍出巡，都有绕境活动。它无非就是祈求五谷丰登、六畜兴旺、财源广进、人畜平安。

这种巡游活动实际上就是保境安民，特别是过年的时候一定要组织这样的活动，庙会的时候也要组织这样的活动。庙会把相连的村落组织起来，一个村子一个村子地走。有的巡游只是在自己的村子里绕一圈，有的巡游范围会更大一点，跟它有经济往来、血缘联系的村落都要去巡一圈。若是城隍庙里的城隍出巡，这个圈就更大了，围着县城转几圈，各种各样祈福的形式都会在巡游里体现。巡游还有一些活动，如到每户人家门头站一站，有一个交换礼物的环节：我给你送来福气了，你给点小礼物，然后带着礼物一家一家串。这种环节，不仅能愉悦心情，也能促进人际交往。腾冲的打保境就是大巡游。那场面声势浩大，龙狮齐舞，又送龙舟，又抬轿子，也难怪有不知情的游客，还以为是谁家在婚嫁呢。

刘永周和他保存的老皮影

中国老皮影制作影人的技艺很多都没有留存下来。历史上的老皮影影人现在已经很少见了，博物馆保存了一些明代的影人。抗战时期，日本人搜集了很多影人，将整个影箱都搬走了。现在除了中国美术馆以外，更多的皮影戏影人在日本收藏着，这是很遗憾的一件事。

刘家寨有一个刘永周的皮影馆，保存了很多的老皮影影人，包括他父亲制作的影人。老影人跟现在的不太一样，色彩比较单一，现在的就比较花哨了，其色彩和傈僳族的花傈僳那种花花绿绿的穿戴配色特别相近，这可能就是在一个多民族混居地区，多民族文化交流的过程潜移默化地在皮影里的体现。老皮影色彩比较素，大概就是花牛皮，最多勾点黑边。我看到一种说法，它跟幕布还有煤油灯的发展有关系，以前的幕布没有那么高的透光度，颜色多了也表达不出来，灯可能也没有那么亮，所以它就不需要颜色。后来，幕布的透光度提高了，灯的照明也好了，它的颜色才能够表现出来。

　　不同流派的影人在造型上也不相同。腾冲皮影戏是大皮影,开始的时候色彩不是那么丰富;影人比较大,就不会要求那么细腻,不像北方的小皮影那么精细。但刘永周经常跟其他的皮影戏艺人、皮影雕刻师们进行交流、考察。他看到所有皮影的脸都是侧面的,因为只有侧面的才能更多表现出来人物的线条轮廓和动感。但刘永周也指出,很多地方的皮影脸是侧的,脚是正的,这又不是很符合人体的基本结构。刘永周介绍他的皮影,脸是侧的,脚也是侧的,这样有一个侧面脸,兰花指的造型比较独特。他在创造一种更协调的方式。

　　北方的影人多是以黑为主,刘永周的影人则有粉的、绿的、黄的,色彩比较鲜艳。有的地方皮影戏影人的鼻子是四方鼻,有的地方是套猪鼻,而刘永周的影人,鼻子的造型更接近于真人,刘永周制作的影人,就是这种圆鼻子、侧面脸、有兰花指的,非常独特。

雕刻皮影的步骤

　　完整的皮影戏影人制作,牛皮首先要经过硝皮,北方话叫熟皮子。需要把皮子抻开,用芒硝、石灰或其他材料,把皮子里的脏东西一点点清理干净,包括皮子里的微生物,这样皮子就会透亮一点;皮子要逐渐打磨,现在的方法是用洗涤剂,过去是用手工一点点地把它磨掉;然后还要将其绷起来晒干,再进入雕刻的程序;雕刻完了还要上色,用到鸡粪、鸡毛。传统的方法是把牛皮放在用砖堆砌的清水池子里,放在里边泡,五天换一次水,皮和毛就会自然分离,这样弄出来的牛皮就更透亮、更白。

　　刘永周雕刻牛皮的方法比较独特,而且他的工具也比较独特。他用刀冲里,皮转手不转。不同的雕刻师使用的刀法不一样,如雕刻有冲的、有斜的,有直冲的、有斜冲的。雕刻时,也只皮子转、刀不转的,刘永周的方法就是刀不转,但是下面的影人不断地在转,相对来讲他手上用力就更加平均一点,因为转刀的时候,若操作不当,用力就不太平均。刘永周在这里用到了一个特殊的工具叫蜡盘。蜡盘制作的方式非常独特、也非常考究,制作中要用到四种原料:山茶花瓣的灰、蜂蜡屎、苦竹灰和坝子油。这些材料都来源于腾冲当地和周边地区。

蜡盘在刀刻下去的时候,它不会回缩,不会有很大的印记,转的时候就会很方便。用蜡盘以后,就不会使作品在最后制作过程中出现失误。

影窗后面照摄影人的灯最早的时候都是油灯,后来变成马灯,再以后是电汽灯,最后是荧光灯、电子管灯。灯的使用也不是越亮越好,得跟幕布用的材料配合好。当然影人的色彩要在灯光和幕布之间有更好的表现,这是不断磨合、不断探索的一个过程。现在很多皮影戏剧团、班社都在探索,希望能有更为协调、更有视觉感染力的方式。

对于皮影的制作,不同的地区会采用不同的制作方式,有的地区会用牛皮做皮影,有的地区会用羊皮做皮影,有的地区会用驴皮做皮影,不同的地区根据自己的物产,找到最合适的材料,使用最适合的工艺,来制作自己的皮影作品。

刘永周的皮影馆

刘永周的皮影馆也卖影人,加上门票的收入,可以说形成了一个皮影产业。现在的年轻人大多对新戏感兴趣,很少有对传统戏感兴趣的。在新戏和老戏结合这方面,刘永周他们下了很大的功夫。皮影戏的传统老戏大多来自演义小说,小的如《施公传》《封神演义》《西游记》等,大的如《说唐》《列国》等。一个本子要唱七八个晚上才能把故事连接起来。现在很难有人七八个晚上连续坐下来看整场皮影戏,因此时间上就要受到一些限制。对于一些现代的本子,从时间上、内容上,可能跟当地一些人的生活、生产、情感联系得更加紧密,才会更加触动他们的情感,影响力就更大一点,也才会吸引更多的观众。如今的母亲带着孩子看皮影戏会是一种非常流行的方式,皮影戏和孩子这种心理的联系就会更加密切,剧本就要更符合孩子的心理,所以新戏就会比传统戏更受到欢迎。但在庙会等场合肯定还是要演传统大戏,因为传统大戏承载的民俗功能,是新戏所承载不了的。

公开课主讲人张刚与主持人杨秋濛合影

(整理者:张刚)

第八讲

曾金贵与湘剧

张　刚　主讲

曾金贵，著名湘剧表演艺术家，第三批国家级非物质文化遗产代表性项目湘剧国家级代表性传承人。他生于1938年3月，出身梨园世家，从小与湘剧结缘，五岁时就扮演了花脸美猴王，七岁时临时救场出演花脸秦英。他师从朱庆红、杨绍奎、谈丙奎、贺华元、廖升矗等学习花脸。1960年年仅二十二岁的曾金贵参加湖南省全省戏曲青年演员会演，以《颁兵》之孟良一角获得一等演员奖和"优秀青年演员"称号。1961年自导自演《访袍》饰尉迟恭，获"长沙市青年艺术家"称号。1986年改编、导演并主演了《滚鼓》之张飞，获"湖南省优秀中年演员"称号，同年被评为湖南省首批"尖子演员"。1995年参加第四届中国戏剧节，以《铸剑悲歌》荣柏一角获得文化部授予的"优秀演员奖"。

曾金贵

湘剧的历史与声腔

湘剧是湖南的地方大戏剧种之一。民间一般称其为"大戏班子""长沙班子""长沙湘剧"或"湘潭班子"。湘剧之名最早见于民国九年（1920）在长沙印行的《湖南戏考》第一集《西兴散人序》。湘剧主要流行于长沙、善化（即今长沙县部分地区和望城区）、湘阴、浏阳、醴陵、湘潭、湘乡、宁乡、益阳、攸县、安化、茶陵等地，剧团也经常到沅江、华容、南县、鄳县、桂东、衡阳、耒阳等地流动演出。据清同治年间《鄳县志》卷十"风俗"条载："乾隆三十年二月，当地出有告示：严禁演《目连》《西游》《台城》等大戏。"大戏即指湘剧。在江西，北起修水，南至吉安，也有湘剧流行。萍乡芦溪县源南乡源溪村的古戏台后台墙壁上，至今还保留着道光二十六年（1846）二月初四至民国二十八年（1939）十一月十一日，湖南戏班在这里演出时的题字，其中有"民国七年星沙同春班在此亦乐"句。同春班是长沙最大的班社。咸丰年间，浏阳、醴陵一带的湘剧班社也经常在萍乡、宜春、上高、铜鼓、抚州等地演出，并一度成为吉安的守城戏班。

康熙以前，湘剧班社大多以演唱高腔为主，也有高昆兼唱者。道光年间，出现了以弹腔为主的仁和班社。同治、光绪年间，不但班社蓬勃兴起，而且各地都办科班。抗日战争时期，田汉在长沙主办"战时歌剧演员训练班"，培训艺人，先后组成七个湘剧抗敌宣传队，分赴湘南、桂北，宣传抗日。

湘剧声腔主要有高腔、低牌子、昆腔、乱弹，缩略称为"高低昆乱"，此外，还有一些杂曲小调。

高腔源于江西弋阳腔。弋阳腔进入湖南后，较快地吸收了湘中、湘东民间音乐并扎下根，成为湘剧早期的高腔，其代表剧目为《目连传》。至明万历年间，青阳腔进入湖南，已经地方化了的高腔又受其影响，吸收了青阳腔的"滚调""滚白"和"畅滚"，发展为高腔中的长段"放流"，逐渐形成具有独特风格的湘剧高腔。

低牌子以唢呐、笛子伴奏,字多腔少。它的来源,目前资料不足,因而争论也较大。一说低牌子是一种独立声腔。低牌子现保存有三百五十支曲牌,在连台大本戏中,与高腔分折间唱,多用于"饮宴""发兵""对阵"等群众场面的合(齐)唱。一说低牌子即昆腔,是昆曲地方化之后的俗称,词格、曲格均与昆曲相同,曲牌名称也大多一样,只是唱法上大同小异,较昆曲粗犷平直。剧目构成上也是高昆相间,即插在高腔戏里,如高腔本戏《精忠传》里,《设馆收徒》《挂坟会友》《别母起程》《夺打秋魁》等场子都唱低牌子,其他还有《百花记》中的《赠剑》唱的是高腔,到了《斩巴》就唱低牌子了。

至于昆腔,乾隆年间,还有一个专唱昆腔的大普庆班,其常演剧目有《游园惊梦》《藏舟刺梁》《剑阁闻铃》《宫娥刺虎》等。后因乱弹(南、北路)兴盛,至同治、光绪年间,昆腔逐渐衰落。1935年,湘剧著名老生朱仲儒演出的昆腔戏《别母乱箭》,几乎成为湘剧昆腔戏的绝响。时至今日,也只有花脸戏《醉打山门》还见于舞台了。

乱弹分南路、北路、反南路、反北路及吹腔(包括安庆调与苏州乱弹)、平板(四平调)、卫腔等。乾隆时,乱弹由徽班、汉班相继传入。道光年间,有以唱南、北路为主的仁和班。后乱弹与高腔同为湘剧主要声腔。

前面讲了湘剧四大声腔的历史,那么,各声腔的特征和区别是什么?高腔和弹腔的区别,简单地说,高腔是唱曲牌的,就是长短句形式,弹腔是唱上下句的。高腔是没有伴奏的,传统上就是锣鼓帮腔,叫"一人启口,锣鼓帮腔";弹腔是有伴奏的,用胡琴。此外,二者在剧目上也不一样,高腔大都是传奇剧目,包括宋元南戏作品"荆刘拜杀"中的《荆钗记》《刘知远白兔记》《拜月亭》,还有《琵琶记》《金印记》《百花记》《追鱼记》等,当然,也有《封神传》《目连传》《精忠传》《西游记》等连台本戏;弹腔剧目包括《封神戏》《三国戏》《隋唐戏》《水浒戏》《杨家将》及"三十六按院"等南、北路剧目。说到封神、三国、隋唐、水浒、杨家将故事,大家都很清楚,如《黄飞虎反五关》《战长沙》《造白袍》《黄忠带箭》《古城会》《张飞滚鼓》《卖马当铜》《玉麒麟》《活捉三郎》《金沙滩》《五台会兄》《六郎斩子》等,所谓的"三十六按院"就是一批公案戏,如《四进士》《奇双会》等。这些弹腔剧目是以上下句的形式唱各种南、北路的板式，如慢皮、二流、三流等。高腔和弹腔还有一个区别，高腔唱的戏大多是生旦戏，才子佳人的戏比较多；弹腔戏则历史故事、袍带戏比较多。实际上，目前流传下来的重要剧目主要是弹腔剧目和高腔剧目，其中弹腔剧目占比非常高，大概有五百多出，高腔剧目则有一百多出。

高腔因为没有胡琴等伴奏，全靠演员的声音条件进行演唱，如果稍微有一点点失误，无论在音高上、节奏上、润腔上，哪怕有一点小瑕疵，观众全都听得出来。所以，高腔戏是非常难唱的。

曾金贵的行当是花脸。湘剧的角色行当，在早期以唱高腔为主的阶段，只分九行，即三生（老生、正生、小生）、三旦（正旦、跷旦、老旦）、三净（大花、二花、三花）。在农村班社中，这种行当体制一直被保留到清末民初，俗话说"九条网巾打天下"。这种行当体制，要求演员一专多能，文武昆乱不挡，唱念做打俱全。因常演《目连》《封神》《岳传》等连台大本戏，故生行为各行之首。花脸行剧目亦多，角色繁重。自昆腔和南、北路进入湘剧后，角色行当有所改变，分为大靠把（正末）、二靠把（副末）、唱工（正生）、小生、大花脸（大净）、二花脸（二净）、紫脸（唱工花脸）、三花脸（丑）、正旦（青衣）、做工旦（花旦）、跷旦（贴，包括武旦）、婆旦（老旦）十二行。不论是在"九条网巾打天下"时期，还是"十二行"时期，花脸在湘剧中都占有非常重要的地位，这不仅在于它有很重要的戏份，还在于过去经常是在农村的野台子演出，花脸这种具有穿透力的声音、夸张的表演、色彩斑斓的脸谱，会给人以非常强烈的冲击力和吸引力。

大靠把、大花脸、大脚婆

大靠把、大花脸、大脚婆是湘剧中最有特点的三个行当。

大靠把，讲究"靠、唱、醉、死"之别，所以除扮演长靠老生如《水淹七军》中的关羽、《定军山》中的黄忠、《刀劈五虎》中的赵云、《九龙山》中的岳飞等以把子、功架见长等唱做俱佳的角色外,还要扮演《琵琶记》中的张广才、《鹦鹉记》中的潘葛、《西川图》中的张松、《醉写吓蛮》中的李太白、《拜斗斩延》中的孔明、《打痞公堂》中的宋士杰等以唱、念、做见功夫的角色。表演首重"位份",讲究功架气派,沉着稳重,且有白须、麻须、青须之分,及蟒袍、靠子、胯衣、黄布袄、罗帽、纱帽、趿鞋等戏路之别。特别是身上穿着长靠的老生,如前面所说《水淹七军》中的关羽、《定军山》中的黄忠、《刀劈五虎》中的赵云、《九龙山》中的岳飞,都是要文武带打,唱做俱佳的才能担当靠把这个角色。

大花脸也是一样,必须功架非常好,表演讲究气势和张力。曾金贵就是当代不可多得的大花脸艺术家。大花脸,如三国戏中的曹操、董卓、张飞,《装疯跳锅》中的蒯彻,《大进宫》中的赵炳,《薛刚反唐》中的薛刚,《定军山》中的夏侯渊,《打龙棚》中的郑子明,《金沙滩》中的阮小七等。其人物众多,文武兼有。除袍带、靠子、短打诸戏路外,还有部分中军戏,如《审假旨》中的张守信、《打弹鸣冤》中的牛谨等,以及部分草鞋戏,如《战荡》中的张飞、《摘梅推涧》中的侯上官等。表演方面文武唱做俱全,重叫、跳、鸣、嚎,用嗓讲究炸音、虎音、霸音,身法要求功架凝重舒展,脸部重眼功与动脸子功(脸部肌肉抽搐)。由于人物不同,脸谱各别,又有水白脸、黑脸、花脸等戏路之分,因此表演上各具特色。我们知道湘剧的表演行当,包括其他剧种的表演行当,最重要的还是生旦。虽然大花脸在湘剧的表演行当中并不是最重要的,但大花脸演员表演的人物性格和身份,都有特定的需求,表演的特色非常突出,也是不可或缺的。

大脚婆是湘剧中花旦行当的一种。湘剧的花旦,如《琵琶记》中的牛氏、《偷诗赶潘》中的陈妙常、《写状三拉》中的李桂枝、《赠剑斩巴》中的百花公主、《坐楼杀惜》中的阎惜姣、《扇坟吵嫁》中的贾氏、《翠香下书》中的翠香等,表演上首重做工,念白讲究爽朗甜润,身姿讲究灵活轻俏。由于人物类型不同,又有花衣戏、背褡戏和大脚婆戏等不同戏路。特别是大脚婆戏,动作粗犷洒脱、舒展大方,念白清脆,具有浓厚的湖南乡土气息,是湘剧做工花旦中独具特色的一路戏。传统戏曲舞台上的女人大都是表现为小脚的,如青衣、花旦、闺门旦、婆旦(即老年妇人),而大脚婆这一类的角色是劳动妇女。大脚婆走起路来风风火火,性格也风风火火。湘剧有一出戏叫《背娃进府》,讲的就是一个农村的大脚婆妇女大表嫂进到表弟的侯爷府,乡下女人的生动自然与侯爷府的官样文章形成了鲜明对比,碰撞起来妙趣横生,非常有生活气息和地方特色。

讲功夫、讲拳脚的二花脸

学花脸一般先从二花脸开蒙,曾金贵也是如此,为的是打下基础,练好基本功。二花脸在"九条网巾打天下"时期就有了,有着久远的历史和悠久的表演传统,如《五台会兄》中的杨五郎、《七郎打擂》中的杨七郎、《闹江》中的李逵、《战长沙》中的魏延、《狮子楼》中的西门庆等。二花脸重跌打翻扑,身手要矫健敏捷,须具扎实的武功底子。在戏路上分靠子、袍子、胯衣、粉脸与和尚戏等。二花脸要有一身摔打功夫,戏中常有翻跟头、对打。有了这种基本功,将来再学大花脸,身上的基础牢靠、脚上的基础也牢靠,功架才会更稳,就会更加得心应手。当然,也有直接就学大花脸的。

湘剧花脸中还有一个叫紫脸,紫脸实际上相当于京剧中的铜锤花脸,以唱为主,动作不多,幅度也不大,更加稳重庄严,从头到尾以唱取胜。

曾金贵和他的代表性剧目

曾金贵的代表性剧目有《薛刚反唐》《父子会》《访白袍》《造袍》《拨火棍》《闹江》《五台会兄》《醉打山门》《生死牌》《打严嵩》等。这里主要说说《五台会兄》和《薛刚反唐》。《五台会兄》是二花脸戏,《薛刚反唐》是大花脸戏,分别是曾金贵两个行当的开蒙戏(又称开荒戏)。

《五台会兄》取材于《杨家将演义》。杨六郎到北国昊天塔盗取其父杨继业遗骨,归朝路经五台山,夜宿庙中,遇兄五郎杨延德。兄弟久别,不敢贸然相认,互相盘诘,方始相认。辽兵追至,五郎持杖杀退辽兵,兄弟分别。《五台会兄》只有两个角色即杨五郎和杨六郎。杨五郎属二花脸本工,杨六郎属二靠应工,是以造型、功架著称的弹腔南路剧目。科班中学二花脸的必须学这出戏,有些大花脸在年轻时也学这出戏。杨五郎这个角色,唱、做繁重,手、眼、腰、腿功夫要求严格。能演好《五台会兄》,说明基本功扎实。《五台会兄》经过章太云、罗元德、董武炎几代演员不断演出和改进,至今仍为湘剧的保留剧目。特别是其中兄弟重逢,不敢遽然相认、互相盘问家世的一段戏,是这折戏的核心,二人边唱边舞,每句都有一反一正的对称身法动作。和京剧的《五台会兄》以唱为主不同,湘剧的《五台会兄》唱、做、念都有,还要耍禅杖,而且每报一个人物,一郎、二郎、三郎,直至老令公、佘太君,都要摆一个罗汉造型,总共要摆十八个罗汉造型,如挖耳、大肚、长眉、降龙、伏虎、托天等。曾金贵的开蒙戏就是和朱庆红学的这出《五台会兄》,后来又得罗元德的传授。经过几十年的舞台表演,曾金贵已经把这出戏打磨得出神入化。他充分发挥自己嗓子好的特点,灵活运用湘剧花脸唱腔中的虎音、霸音、炸音,将杨五郎被迫出家的悲愤心情表现得淋漓尽致。

后来曾金贵师从贺华元,就从二花脸转到了大花脸。他的师父贺华元是一位杰出的湘剧表演艺术家,出身于艺术世家。贺华元十三岁入长沙华兴科班,为第一科大师兄,习净行,工大花脸。由于贺华元天赋甚高,尊师好学,入科半年即能登台,首演《父子会》之尉迟恭,初露头角。他的戏路很宽,如中军戏《审假旨》、草鞋戏《摘梅推涧》《芦花荡》、白脸戏《下河东》、赤膊戏《张横摆渡》及《薛刚反唐》《打龙棚》《审子打秋》等都演得很有特色。贺华元早期以"火爆"做工见长,全面继承了湘剧大花脸传统的"笑、叫、跳"独特艺术风格。中年以后,他虽嗓音变化,略显嘶哑,但演技更为成熟,更着重刻画人物的内心活动,以演《牛头寨》之牛皋、《辕门斩子》之焦赞、《打严嵩》之严嵩最负盛名。

曾金贵学的第一出大花脸戏《薛刚反唐》,是一出脍炙人口、久演不衰的传统戏,是贺华元非常拿手的一出戏,也是湘剧弹腔的保留剧目之一。它描述的是唐代的奸臣张台专权,其子张登云在元宵佳节驰马踏死游人,薛刚路见不平,将其打死。张台动本,将薛氏满门抄斩。薛刚逃至青龙山,其妻逃至韩山,招兵买马,以图铲除奸佞。徐策不忍忠良绝后,在法场以己之子调换薛猛之子三月蛟,携归抚养。十三年后,徐策遣薛蛟(三月蛟)赴韩山搬兵。薛刚夫妻合兵杀奔长安,在徐策的协助下,拿获张台,为薛门报了仇。

曾金贵最开始学的大花脸戏是《薛刚反唐》,最后演的一出戏也是《薛刚反唐》,这是一段佳话。他最后演出这个戏的时候,已经是七十五岁高龄了。

据当时报道,曾金贵在"湖南湘剧名家贺岁"活动中演出《薛刚反唐》,前半部分的薛刚由省湘剧院青年演员周正雄饰演,后半部分的薛刚则由曾金贵饰演,虽然已经七十五岁,但是其扎实的艺术功底和深厚的艺术造诣,以及唱腔和表演上独特的风格仍然不输年轻人,把薛刚演绎得荡气回肠,让人心动。

湘剧有一句俚语叫"六十不打棚,七十不反唐"。"反唐"就是《薛刚反唐》,"打棚",就是《打龙棚》。《打龙棚》讲的是南唐李豹摆擂逞能,被高怀德打死。郑子明、赵匡胤喜而引见柴世宗,为高请功。柴发现高乃当年杀父仇人之子,怒令斩高。郑子明、赵匡胤求赦未允,大闹龙棚,怒揭柴短。柴被迫允赦,并封高为万里侯。《打龙棚》和《薛刚反唐》都是大花脸中非常吃功夫的戏,又要有唱又要有做,不能偷工取巧,才能表达这两个人物的年龄、性格和当时的情绪。一般到六十岁以后,很多人演这种戏就非常吃力了,舞台上的表现就不那么充分、不那么完满了,所以才有"六十不打棚、七十不反唐"的说法。

曾金贵对于创造人物与表现程式有自己的理解与体会,他认为,对人物的理解应该超出对程式的理解。确实,在戏曲舞台上,程式是演员创造一个人物的基本出发点,但是要把人物表现好,只靠程式还不够,因为程式毕竟只是规范化的表演动作,演员把表演动作放在一个规定情境里、放在一个规定人物身上、放在一个规定的感情表达中,那就要把人物的需求和程式的表演紧密地结合起来,用人物的需求来调动表演程式。曾金贵表演的所有的戏,人物表达都是非常丰满的,那种感情的充沛和真挚都是我们能够感受到的。一个新的角色到了曾金贵手里,他不会原封不动、照搬程式去演;他会在理解之后重新创作,靠自己的悟性和灵性把角色演得更好。

一个非常好的演员学完一出戏并将其搬到舞台上,那里面都有自己的感悟,有自己对人物和对程式的处理,可能是一个眼神,也可能是一个台步,沉重和轻飘都能表现出不同的情感。曾金贵能够不断地体悟这些人物和程式之间交融交流的方式,所以他表现的人物就让观众感觉非常鲜活生动、极具吸引力。

1958年以后,曾金贵参与了很多旧剧本的改编,调整戏词、重新设计动作。老戏新排是曾金贵的特长,他导演了三十多出剧目。他认为一个优秀的演员,首先要有扎实的基本功,而且会的戏要多,按戏班的话来讲,"肚囊儿要宽绰"。这样,演员在表演的过程中就会把这些原来的基础活用到具体的人物塑造或剧目的创作中。曾金贵不仅是一个表演艺术家,还做了很多导演创作的工作,因为他对湘剧的花脸表演艺术非常熟悉,也掌握了非常多的优秀剧目。

曾金贵说,他表演大花脸的境界有三步,第一步是喊,就是那种吼,第二步是唱,第三步是玩。曾金贵也说,他在二十二岁的时候就依据上下文的韵脚改编了《包公访东京》。

实际上,如果按照曾金贵所说,开始是喊,然后是唱,最后是玩,那这样就是一种渐入佳境的艺术状态:开始是喊——先把基本的东西喊出来,把气势、把花脸艺术的基本状态呈现出来;然后是唱——唱比喊更进一步,它有很多音乐素养的要求,要唱出感情、唱出人物;最后是玩——渐入佳境、渐入化境、渐入自如状态,把艺术和本人的心态融为一体,就成为一个艺术家了,这是最高的境界。

曾金贵和湘剧脸谱艺术

曾金贵退休以后,对花脸的脸谱艺术更为钟情。他画的脸谱长卷,有三十八米，描绘了一百六十五个花脸人物，浓缩了湘剧花脸的六百年的历史，可以说是传世之作了。曾金贵画的花脸，对湘剧花脸艺术、脸谱艺术都是重要的贡献，因为过去画花脸、勾脸，都是师父带徒弟，很少有脸谱留下来。故宫里保存了一些京剧脸谱，一些京剧艺术家也留下了脸谱，像郝寿臣先生、翁偶虹先生，但湘剧过去没有留下脸谱。曾金贵利用他学戏、演戏和看戏的经验，把花脸的脸谱一幅幅地画下来。这是一份非常珍贵的遗产，不亚于他对表演艺术传承的贡献。在曾金贵的老房子里，他曾经在床板上蒙了一块白布，然后把一个大花脸的造型画到了床板上，他说自己睡觉也要睡在花脸上，这也从侧面反映出曾金贵对于花脸的痴迷程度。他已经把人和艺术融为一体了，无论是白天还是晚上，无论是睁着眼睛还是闭着眼睛，他都和花脸艺术融为一体，把自己的情感投放到花脸艺术里，再把花脸的艺术气息融入他的生活里。

2008年6月，湘剧被列入第二批国家级非物质文化遗产代表性名录。经曾金贵之手，挖掘、整理出的戏有《十三福》《斩三妖》等。这些剧目使湘剧又一次大放异彩、甚至走出国门。耄耋之年的曾金贵，痴迷于画脸谱，痴迷于篆刻和书画，他还为《十三福》做了一件虎脸道具。曾金贵在口述中说，自己童心未泯，到老了还在拼命玩。他也评价自己的一生是戏梦人生。戏班里有一句话叫"不疯魔不成活"，就是说一定要疯魔了，全身心地投入了，在戏剧上才能渐入佳境、取得成就。京剧老艺术家厉慧良，躺在监狱的牢房里，还要靠在边上来睡觉，因为他要把腿架起来练腿。京剧武生泰斗王金璐，八十多岁了每天还要压腿、打把子，八十九岁的时候，还上台演了一出《挑滑车》。王金璐生前最后一次赈灾义演《八蜡庙》，他在其中饰演老英雄褚彪，真是精彩至极。这都是对于艺术的敬业精神。有了这种"不疯魔不成活"的精神，才有了曾金贵在湘剧艺术当中的地位和他对湘剧花脸艺术的贡献。

曾金贵有闲章两枚，一曰"戏里不知谁是我"，一曰"梦中方晓我是谁"。这正是对他艺术和精神的绝佳注释。

（整理者：张刚）

第九讲
刘永安与邵阳布袋戏

王馗 主讲

王 馗

王馗(1975—)，文学博士，中国艺术研究院研究员、戏曲研究所所长、博士生导师，中国戏曲学会会长，《戏曲研究》主编，"国家百千万人才工程"有突出贡献中青年专家，享受国务院政府特殊津贴，首批全国政协首届参政议政人才库特聘专家。其个人专著有《佛教香花——历史变迁中的宗教艺术与地方社会》《鬼节超度与劝善目连》《偶戏》《解行集：戏曲、民俗论文选》等多部，撰写论文、评论多篇，参与或独立主编《昆曲艺术大典》《昆曲艺术图谱》《中国大百科全书·戏曲卷》《民族瑰宝：中国少数民族戏曲优秀剧目百种》等，国家社科基金艺术学重大项目"中国戏曲剧种艺术体系现状与发展研究"首席专家，国家级非物质文化遗产代表性传承人记录验收工作专家。

傀儡戏的历史发展

木偶戏和皮影戏被中国戏曲学术界认为是前戏剧形态，即在由人表演的戏曲成熟之前的戏剧形态。前戏剧时期，中国人接受的戏曲样式其实就是以木偶戏、皮影戏为主体的。中国传统社会称之为傀儡戏，借助于木制或皮制的偶人进行戏曲化表演。傀儡戏用拟人化的动作和声音展示真实情景，是中国戏曲最古老的艺术形式之一。

傀儡戏兴于汉，盛于唐。唐代以后，人表演的戏曲才兴起。由此可以说，傀儡戏为整个中国戏曲表演的艺术体系奠定了非常重要的基础。

傀儡戏有差不多两千年的历史，在漫长的发展过程中，产生了很多不同的艺术类型。提线木偶，靠着人的手操控、拉伸线索，让偶人们活化；杖头木偶，偶头置于命杆顶端，用两根扦子来做动作、表演；布袋木偶，将偶形套在三个手指上进行表演，木偶戏艺人的两个中指和拇指，可以180度伸展，这是需要通过长期训练才能达到的效果。

此外，还有一些比较重要的形态，比如纸影戏，是介于皮影戏跟木偶戏之间的一种形式。皮影戏表演需要一块白色的幕布，叫"亮子"，后面有灯火，对着观众的时候，可以把影子投上去，把镂空的皮偶人放在亮子上，形象就呈现出来了。去掉亮子，平面的皮影换成立体的偶像，就变成了纸影。

还有一种形式叫人偶戏。杖头木偶在演出时，人在下面，偶在上面，用一块幕布把人挡住，偶在幕布上面表演。人偶戏是把幕布去掉，人与偶同台表演。比方说,现在要表现偶人坐在影子上,那么表演者的肢体就充当了偶人的下半身,非常独特。

此外,还有机械木偶。在中国木偶戏的发展历史上,从汉代一直到隋唐时期,最主流的形式就是机械木偶,靠机械推动偶人表演,相当于现在很精确的工艺操作。我们最熟悉的可能就是故宫里面的西洋钟,那钟到了一定时间,门一开,就有偶人出来报时,这就是机械木偶。实际上,在漫长的岁月里,机械木偶是木偶戏很重要的表现形式。

唐宋时期,傀儡戏有一个很重要的表现形式,叫"水傀儡",也叫"水转百戏",用水力来控制,一直到明代后期都可以在历史书上看到。到了近代,我们再也看不到水傀儡了,如今只有越南才有。

还有一个类型叫"药发傀儡",其实就是我们放烟花的时候,随着烟花的绽放,呈现木偶戏的艺术样式。如今国家级非物质文化遗产代表性项目名录里面仍然存有药发傀儡,如浙江的泰顺地区就有这种技艺。

了解了这些形态以后,我们就会知道,邵阳布袋戏实际上是布袋木偶戏里面的一个地域分支。它唱的是当地的祁剧,表演也有不一样的地方。根据木偶戏的规模,也会形成不同的形态。邵阳布袋戏一个人即成班社,也叫"被单戏",即利用一张桌子,将桌子四角绑上四根竹竿,再用一块被单一样的布将竹竿围住,这样搭成了被单戏戏台,就可以进行表演了。这是最简单的一类布袋戏。但是,它要求表演的人既能够熟悉、精通乐器,又能进行演唱,还能进行表演,因此是一个人的班社、一个人的舞台、一个人的戏剧。

各具特色的傀儡戏

木偶戏、皮影戏作为独特的一类技艺,在国家级非物质文化遗产代表性项目名录中有很多项目。

木偶戏是指掌艺术，其精美程度让人叹为观止。比如，提线木偶里最精致的是泉州提线木偶。一般七根到十三根左右的提线就可以控制住偶形，但是泉州木偶戏控制偶身的提线可以达到五六十根，木偶的指节可以动起来，眼珠可以转动，腿脚可以模仿人的真实步伐，可以想见，这精致到了什么程度。布袋木偶戏，比较华丽、精致的有漳州布袋木偶戏，驰名中外，他们创作的剧目《大名府》，技艺高超，脍炙人口。还有四川成都的杖头木偶，又叫"大木偶"，那木偶能达到一人高，可以吐火、变脸，也就是说，把川剧的绝活放进去了。临高人偶戏，人偶同台，更添灵动。

邵阳布袋戏质朴得多，以最传统的方式展示，一个人就可以驾驭它。

木偶戏的诸多特质实际上诠释出非物质文化遗产的最终理想——文化多样性。木偶戏表演规模有大有小，有一个人的，也有几个人的；木偶戏有地域之别，有湖南的，有福建的，有山西的，有陕西的，等等。具体到个人的表演技艺，又有不同的擅长，所展现的技艺都是独一无二的。这就是木偶戏的文化多样性。

邵阳布袋戏的流布

根据当地专家的介绍，我们了解到邵阳布袋戏传承的大致情况。邵阳布袋戏只流行于邵阳县，除了九公桥镇，其余周边和邻近地方都没有。现在能够保留传承下来的也只有刘氏家族。

早年九公桥的布袋戏有三副半担子。当地把能够全面完美演出布袋戏的艺人称之为"一副担子"。"半副担子"是说有些方面还做得不够好。当地刘氏家族几乎家家户户的男孩，都会学这个戏，其中最出色的是刘永安的叔叔刘恒毅，他也是刘永安的师父，是一副担子；还有一副担子是邓中元，技艺非常全面；一副担子还有康成汉；半副担子是向汉成。目前传承下来的就只有刘氏，其他两副半担子都后继无人了。

传承人刘永安（左）挑着布袋戏的担子去演出

    现在村子里边能够表演的是刘永安、刘永章两兄弟，他们是国家级非物质文化遗产代表性项目邵阳布袋戏国家级代表性传承人。此外跟他们同龄的，大概有七八个人。刘氏兄弟的年轻的徒弟很多都半途而废，学不下去了，主要是因为学这个不能养家糊口。2006年邵阳布袋戏被列入国家级非物质文化遗产名录以来，他们还没有一个能够表演一整出剧目的徒弟。

邵阳布袋戏与祁剧

    邵阳布袋戏演唱的是当地祁剧的声腔。祁剧是湖南大型剧种里面的一个。湖南的几大剧种从北到南有常德汉剧、长沙湘剧、辰河戏，然后就是祁剧。它们流动范围大，影响也大。祁剧是一个多声腔剧种，使用的声腔包括昆曲、高腔和乱弹。乱弹里又包括南路、北路，北路相当于西皮，南路相当于二黄。中国戏曲的多声腔剧种，实际上是历代积累起来形成的艺术样式，是把昆曲、高腔、近代以来生成的乱弹结合在一起进行表演。

祁剧的影响曾经非常大。近代以来，祁剧的艺人带着他们的艺术到了广西、广东、福建。福建称之为"楚南戏"，意味着它是从湖南南部这一带流传过去的，它至今在福建还有遗存。到了广西这边，它与桂剧同台演出，相当于是同一个声腔类型。在广东，它促成了粤剧这个大剧种的形成。因此，祁剧对整个南方的剧种都具有很大的影响。

祁剧在当代中国戏曲发展史上，有一个重要的功劳，不仅在于艺术面貌的创造，还在于它有一个很重要的剧目，叫"目连戏"，专门表演目连救母的故事。目连戏曾经也有完备的演出机制，后来有中断，"文革"结束后，老艺人集结起来，把这个剧目放到了舞台上。目连戏在祁剧和很多别的剧种里被称为"戏祖"或"戏娘"，意思是它包含古老的曲调和独特的表演戏法。

邵阳布袋戏实际上是借用布袋戏的方式来呈现祁剧的声腔，演唱祁剧相应的剧目。演唱中不同角色的唱腔以北路、南路来区分。因为是一个人表演邵阳布袋戏，所以他肯定要用语音来区别，用北路表现什么样的角色，用南路表现什么样的角色。

南、北路的风格是有区别的。北路相当于西皮，可以展现粗犷、豪迈的情绪；南路相当于二黄，比较深沉、委婉，表现空间很大。除此之外，祁剧里不同的声腔在演唱方式上也有区别，比如真、假嗓。一些角色、类型、行当，可以用本嗓，比如小生，叫"子音"，粤剧称它为"子喉"，其实就是男生假嗓的一种表达方式。此外，净行里面还有霸腔，是为了展现英雄豪杰、草莽中人之类的角色，比较粗犷。

邵阳布袋戏的把子功

把子功是邵阳布袋戏的基本功之一，用道具表演打斗。布袋戏靠着三个指头，最终展现的是中指和拇指怎么控制这些道具。比方说道具是刀枪，是靠指掌之间的力道来操控，跟舞台上完全靠着肢体对道具的驾驭有所不同。

邵阳布袋戏的把子功里有滚把子、夹把子等动作,必须勤加练习,不然是夹不稳的;抛把子,两手都要掌握,左手要抛,右手也要抛,抛出去再接住,抛不好的话,棍子就会掉地上了。布袋戏艺人要把勤动手腕养成习惯,只有两只手都能灵活运用,演出时才能做到熟练自如。表演打斗时需要两只手齐用,一般要掌握一个诀窍,表演打不赢的那个人物在左手,打得赢的、占上风的那个人物在右手,一般右手反应快一些,能表现强者。

刘永安的绝活

刘永安有一个绝活,是颡叫子,就是把猪骨头和猪板油中间的那层薄皮晒干,做成哨子,放在嘴里面,可以模仿出马的嘶鸣声,或者模仿出乐器的声音。比如说,表演时没办法用手去弹琴或者吹唢呐、笛子,他就用这种方式来唱一些过门儿,或者模仿一些声音来配合他手上的动作。另外,他还可以利用哨子来为角色配音,如果他唱男声,那么女声就可以用哨子吹出来。其他人吹的声音相比会较模糊,而且嘴里面含了一个东西,一讲话,又要吹,观众多多少少看得出来。但刘永安的技巧是别人看不出他嘴里有什么东西,听不出是他自己喉咙发的声音还是利用了什么工具,所以这是他的绝活。

颡叫子实际上是木偶戏在声腔表演包括声音塑造中的一种艺术现象。颡叫子的历史记载最早可以追溯到宋代沈括的《梦溪笔谈》,里面讲到用竹、木、牙、骨来制作小吹管,放在喉间,能发出尖细、嘹亮的声音。这是木偶戏独有的发声技巧。这种声音可能跟压低嗓子,发出来的声音是接近的。

木偶头制作

追溯木偶雕刻的起源,可以把木偶戏的源流梳理出来。大家对西安兵马俑很熟悉,这其实也算是一种木偶。秦汉时期,木偶的制作技艺已经非常高超。

木偶艺术最核心的内容就是要通过它的形象来展现人物,因此木偶雕刻技艺就显得非常重要。它有几个阶段的变化:第一个阶段就是要模拟一个真实的人物形象,这是拟人化阶段,然后进入第二个阶段——类型化阶段。因为一种木偶不可能在这个戏里演十个人,那么办？就要依靠类型化。比方说老人、年轻人、男人、女人,从最基本的年龄、性别特征上做出区分,就出现了类型化。同样的女性形象,换上不同的服装,就可能展现不同年龄、不同背景的人物形象。第三个阶段是行当化、模式化阶段,按照中国戏曲的行当分类。到了近代,又发展到脱离行当框框,根据想象来创造,进行随意雕镂的阶段。

其他的偶戏项目,偶头制作和表演技艺分别由不同的人掌握。比如漳州木偶戏偶头制作,就是独立的项目。邵阳布袋戏不同,表演者还要会制作偶头,制作技艺、表演技艺的所有过程全部由一个人承担。偶头的雕刻样式与邵阳布袋戏整体风格一致,比较简朴、粗犷。

木偶戏与人戏的相互参见

中国戏曲有一个非常重要的特点,就是世代累积。很多戏剧形态实际上都可以彼此交织、互相呼应,形成一个内容庞杂、结构稳定的文化生态。

木偶戏兴盛的时间比真人演出的戏曲要早很多,但从邵阳布袋戏的演出中可以看出,它参考了很多戏曲舞台的东西。

无论是邵阳布袋戏,还是其他的木偶戏,与人演的戏曲相比,其既吸收了传统戏剧的表演套路,又开拓了传统戏剧的表演套路。木偶戏跟人演的戏其实既有相同点又有不同点。木偶戏可以把人戏表演的那些内容全部用偶像的形式表达,只不过是载体不一样,一个是人的肉身,一个是人控制的偶身,但它的音乐、声腔可以趋同,剧目可以趋同,表演内容可以趋同,甚至舞台布置也可以趋同,这种殿阁式的舞台,实际上就是传统戏台出将入相的庙台形式。

当然,木偶戏可以保留自己的不同,人演的戏曲也有很多地方在学习它。比如,有一个古老的剧种叫"莆仙戏",它有一套完整的表演系统叫"傀儡介",其七个行当所有的表演都是模仿木偶的,把木偶戏表演的那一套原则全部搬上了舞台。再举一个例子,戏曲化装里有"勾脸",就是从木偶戏面具那儿传过来的,尤其是净行的脸谱,都能在木偶戏里找到依据。再看一下旦行的化装,一旦把头面加上以后,角色就稳稳地固定成了一种形式,这种化装形式其实已经把人偶像化了。

邵阳布袋戏有自己特别擅长的剧目,比如《西游记》《水浒传》。木偶戏《武松打虎》里武松、老虎两个角色,手势可以互相配合。舞台上的大戏在邵阳布袋戏里面,更多是以故事说教的方式呈现。一种独特的戏剧样式,一定有其最擅长的表达内容,这也造就了其独特的经典剧目、经典表演。

因此,木偶戏跟人戏的彼此交织、互相呼应,既保持传统的特长,像邵阳布袋戏有颡叫子这样的技艺传承,同时又把祁剧的一些东西吸收进来,变成了一个既独特又庞杂的文化类型。

邵阳布袋戏的传承

邵阳布袋戏主要的演出场合,最开始是在街头,然后就是红白喜事场所,现在因为生活环境、节奏变化,演出机会越来越少。在它原本的演出环境消失以后,我们应该怎样帮助传承人保留他们的技艺,给他们更多展示的机会呢?

其实不只木偶戏,中国很多传统艺术实际上都跟我们的生活有关系。很多生活诉求是以艺术的方式来表达。这种丰富性、多元性决定了它的基本生态一旦变化,它的生存状态就会面临很大的挑战。因此,传统礼仪、传统文化形式,能够在今天跨越时代、实现文化的现代转化,这是一个很重要的命题。

刘永安的传承方式是中国传统技艺传承的一种主要方式。他和哥哥刘永章都在传承邵阳布袋戏技艺,刘永章也是这个项目的国家级代表性传承人。他希望自己的孙子能够继承这项技艺,但祖孙两人在闹意见,这恰恰是生活的常态。让现在的孩子去掌握一个已经被边缘化,甚至受众已经很少的传统艺术,怎样才能告诉孩子传承的价值和意义呢?

刘永安教授孙子刘宇布袋戏伴奏乐器

在中国戏曲的传承里面有很多这样的例子,就是后人一开始不愿意传承,多年之后发觉传承非常重要,再回过头来继续传承。虽然错过了最好的时光,所幸还是把这门技艺传下去了,但有的技艺就没有传承下去。

很多艺术在传承的过程中发生新的变化,这是很正常的。比如,京剧以前是男旦,随着时代的变化,大量的女性艺术从业者进入以后,也在传承这项艺术。在遗失的同时,也在创新。

我们希望这个传承的脉络不要断,最理想的状态就是由家族里的人来继承。当然,我们通过影像记录的方式也是一种传承方式,这意味着我们的传承形式已经拓展开了。另外也可以借助带徒弟扩大影响,或通过文化普及进校园、进课堂,让更多的人去学习这一门技艺,说不定在其中也能出现更好、更多的传承人。

传统文化是需要认识的,我们往往会把它当成老旧的东西,想当然地予以摒弃。实际上可能就是因为它经常在我们生活中出现,我们不以为然,但是它一旦遗失以后,我们就会追悔莫及。这就需要社会各个群体、各方面力量推动公众充分认识非物质文化遗产。

非物质文化遗产在今天,给我们提供了一个视角,也出了一个难题,就是怎么充分理解人对于艺术世界的创造方式,而且这种创造方式其实有多元化的路径。

邵阳布袋戏由一个人来表演,我们可能会觉得这是一门单调的艺术,当发现了它的奥妙,当了解一个人怎么靠着自己身体所有的力量塑造美的艺术形象、美的艺术场面的时候,我们就会知道,这是一门很伟大的艺术。

公开课主讲人王馗与主持人郭比多合影

(整理者:郭比多)

第十讲

郑兰香与婺剧

王馗 主讲

婺剧溯源

婺剧是我国现存三百四十八个剧种里独特的一支。其独特性不仅仅表现为它是源于地域文化的一种表演艺术，更重要的是，这种艺术样式在几百年的历史发展过程中，逐渐凭借独特的个性成为一个地域戏曲文化的综合体。通过这个综合体，我们能够看到戏曲在数百年来，于一方文化生态空间内与人们达成的情感联系及思想沟通。

婺剧是中国众多剧种里面一个非常重要的多声腔剧种。虽然中国戏曲剧种大多为多声腔，但是婺剧的声腔更为繁复，它包含高腔、昆曲、乱弹、徽戏、滩簧、时调。这六种不同类别的声腔，把有历史记载的浙江地方戏曲样式几乎都囊括其中。特别是明代以来很多重要的声腔，以及近代以来的小腔小调，在婺剧的艺术基体里都得到了呈现。因此这个剧种实际上变成了一部浙江戏曲历史的缩影。婺剧的独特性在于其剧种声腔之多，其历史之悠久，它见证了这个地区的人是怎么用戏曲、用声腔、用不同的音乐表演艺术来丰富自己的生活。

郑兰香求学生涯

中华人民共和国成立以前，婺剧的基本组织形式是班社。班社由班主负责，自负盈亏，在各地演出，人员流动性很强，演出地点也不固定。1949年以后，能演出婺剧的班社就已经很少了。

1950年11月至12月,全国戏曲工作会议召开,根据会后形成的《关于戏曲改进工作向中央文化部的建议》及1951年毛主席提出"百花齐放,推陈出新"的戏改方针,中央人民政府政务院颁布了《关于戏曲改革工作的指示》,制定了我们熟知的"改戏""改人""改制"的戏曲改革具体内容和政策。"改戏"就是把不适合时代发展、审美要求的内容进行艺术的更新;"改人"就是把旧社会以戏曲谋生的这批人纳入到体制里面,让他们以人民艺术家的身份进行艺术的传承、创造;"改制"就是体制上的变化。在当时,这是戏曲改革很重要的几项内容。

　　响应"三改"政策,1953年成立了浙江婺剧实验剧团(1956年在其基础上成立了浙江婺剧团)。郑兰香由此进入剧团成为青年学员,走上了她一生为之奉献的舞台。

　　郑兰香的两位老师周越先和徐汝英是婺剧最早的一批女演员。

　　周越先与两个妹妹周越桂、周越芗被称作"舞台三姐妹"。周越桂是有名的女小生,周越芗是有名的花旦。作为演员,周越先外貌条件不够理想,但她善于揣摩人物,精通翎子、跷功等各种表演技巧,可以演出多个行当的角色,因此成为远近驰名的旦行演员。同时她还能做到"六场通透",成为婺剧第一代专职导演。她在《雪里梅》中一身兼饰两人,以细腻又富有生活气息的表演广受赞誉。

　　徐汝英被誉为"龙游花旦",善于表演悲剧女性。她改进了过去男旦"雌雄嗓"的演唱方法,为旦角表演艺术提供了宝贵的艺术经验。为发展婺剧,她毅然投身于教学事业中,为婺剧培养了一批优秀的传承人。

　　根据相关政策指示,浙江婺剧团确立了挖掘、整理、继承遗产的主要任务。据老一辈艺人回忆,婺剧有十八本高腔、三十六本昆腔、三十六本乱弹、七十二本徽戏、九本滩簧、九本时调。但实际上,剧目远超于此。根据现有资料,婺剧大小剧目有五百多个。从题材上看,其中徽戏大多为忠奸斗争故事,称"骨子戏",大部分有剧本可考;乱弹、滩簧多为家庭、爱情题材;时调类似小品、短剧形式。

　　周越先找到了老艺人江和义,将他请到剧团。江和义记忆力强,有的剧目能记忆全剧,便由他口述剧本,教唱乐谱。周越先根据其回忆整理出了数十部,包括已经绝迹于舞台的高腔剧本,为抢救婺剧文化遗产做出了重大贡献。

随着中国社会的转型,戏曲现代化这样一个时代命题被提上日程以后,戏曲改革持续深入,婺剧不断壮大。婺剧原先被称作"金华戏"。金华戏其实是金华地区一个戏曲班社所形成的一个戏剧样式。经过戏曲改革,金华戏甚至成了浙江的一个代表性剧种,与浙江的绍剧、越剧共同成为大型戏剧里面的一类。婺剧也变成了一种更有时代感、朝气感的表演艺术。

举一个例子,婺剧里面有一出戏叫《断桥》。《断桥》在中国的戏曲剧目宝库里被称为"天下第一桥",就是说《断桥》的技艺水准达到了最高的程度。婺剧《断桥》通过多元声腔的表现,并在短短的一出戏中创造出繁复的武打技巧,把白蛇、青蛇、许仙三个角色之间爱恨交加的情感表达出来。这部戏在20世纪60年代被大家所接受,正是由于新文化工作者的努力。这是集体创造所产生出来的艺术爆发力。

到了20世纪80年代,婺剧等戏曲还在不断地改革。例如,《断桥》戏装中的白色腰裙,变成了纱做的服饰,使得该剧舞台的美感得到了进一步的升华。曾有一次演出,艺人们把昆曲、川剧、婺剧等剧种的《白蛇传》串成一出戏,其中《断桥》部分选择的就是婺剧,效果很好。

《断桥》从20世纪60年代到80年代,一直到今天还在不断地打磨,实际上反映了戏曲改革最核心的一个要义:怎样让传统的艺术跟上时代,成为时代主流的审美。

郑兰香婺剧的代表作

郑兰香的代表作《牡丹对课》《僧尼会》,也是戏曲改革政策落实的产物。

滩簧北调《牡丹对课》取材于吕洞宾三戏白牡丹的传说,婺剧将原本的故事依据新时代新理念,进行了全面的改造。这个题材是中国观众耳熟能详的一个民间故事,很多剧种都有剧目。婺剧《牡丹对课》恰恰是把小花旦的灵巧活泼跟生行应有的稳重相互交织。这部剧强烈的情节冲突构成其戏剧的独特性,其中民间语言的使用也颇具特色。

民间的歌曲或者民间的演艺，都有互相猜谜的形式，比如对花，往往是你问我答的方式，如"正月里开花开的什么花？正月里开的是迎春花"这一类型。《牡丹对课》就是用这种对子戏的形式，我问你一个谜，你猜一个谜底，互相之间通过对话问答，让对方处于一种尴尬的境地，由此产生一种幽默的甚至是充满民间智慧的艺术效果。这出戏在金华地区甚至广大中国民间都是很受欢迎的剧目。

中国戏曲擅长表现古典故事、古典人物。古典故事、古典人物源于传统的社会生活，但传统社会生活是有等级的，于是当我们对人性的了解不断深入，对这个人物形象给予多元关照的时候，就可以在这个戏曲人物的塑造里增加时代感，比如《牡丹对课》里的白牡丹，她对吕洞宾的调笑，以智慧——化解刁难。

这出戏用的声腔是滩簧。滩簧是来自民间的曲调，在浙江、江苏、上海等地流行。我们熟知的锡剧、沪剧也是滩簧类的剧种。婺剧的滩簧作为一个声腔，跟其他剧种的声腔是趋于一致的，但因为是对金华话的改造，使得婺剧带有金华的特点。

郑兰香在表演过程中对剧中人物进行了一系列再创作，把白牡丹的年龄设定在十四五岁，这样一来，表演就要符合小姑娘的年龄特征，而不再是青春少女，神情和动作要表现出稚气未脱、活泼伶俐，唱腔也随之将发声部位往前靠，突出声音的清脆亮丽。

郑兰香还有一部代表作是从《思凡》改编而来的，婺剧叫《僧尼会》。《僧尼会》是郑兰香和婺剧名家吴光煜共同创作的。这出戏最早应该是中国戏曲里很重要的祭祀戏目连戏。《目连传》是讲目连救母的故事。尼姑思凡也好，和尚下山也罢，这类故事在目连戏里面是被贬斥的，只是在特定的表现内容里面，它显得很活泼。当时民间在创作这一类型剧目的时候，就把它从目连戏的整本戏里面取出，变成一个独立表达的内容，然后就变成了男女青年不受清规戒律的束缚、勇敢追求爱情，成了一种生活情趣的表达。这样去看的话，此戏的活泼灵动及人物之间那种青春年少所萌生的情爱，与用滩簧所表达的乡土气质交相辉映，形成了一种很好的艺术风貌。

　　当初的戏曲改革,确实是对戏曲艺人的解放。因为长期以来,中国戏曲从艺者地位是很低的,比如浙江的传统戏曲艺人叫"堕民",山西的传统戏曲艺人叫"乐户"。这批人在社会中的地位非常低,不被人尊重。戏曲改革以后,戏曲艺术从业者的地位得到了很大的提升。戏曲生存面貌的变化,带来了中国戏曲众多剧种突飞猛进的进步。在国庆十周年献礼演出中,我们看到了婺剧,郑兰香带着婺剧登上了全国的舞台。实际上我们能数得出来的很多剧目,比方说京剧的《穆桂英挂帅》、扬剧的《百岁挂帅》、莆仙戏的《团圆之后》、蒲剧的《窦娥冤》等,都是在这段时间涌现出来的。艺人们对传统戏进行整理、改编,在传统戏的基础上化腐朽为神奇。比如莆仙戏的《团圆之后》,原来是一个大团圆,褒扬忠孝节义,被改编成一个大悲剧。现在一说越剧,人们马上想到徐玉兰、王文娟的《红楼梦》,这也是那个时候新编新创的作品。那个时期还出现了大量优秀的现代戏。艺术一旦得到解放,艺人自然就会有一种旺盛的创造力来回应时代,创作出更多优秀的作品。

　　今天我们能够数得出来的不同剧种的优秀作品很大程度上都经历了20世纪50年代戏曲改革的加工,以及80年代以来不断的修改打磨,最后成为中国戏曲艺术的经典。

　　郑兰香的代表作《西施泪》是改革开放后重新改编演出的新编历史剧。该剧在20世纪60年代初就已经开始创作,当时名为《卧薪尝胆》。时任文化部部长的茅盾在观剧后,以对此剧的评论为开篇发表九万余字的长文《关于历史与历史剧》,1961年刊发在《文学评论》上。该剧以具有当地文化背景的吴越春秋故事为底本创作而成,在20世纪70年代末80年代初,由长春电影制片厂拍成了电影。这次改编通过吴越相争、越王卧薪尝胆的故事,把西施的人物形象凸显出来。一个女子在家国变乱的时候挺身而出,展现出一种悲壮的美感。郑兰香的演绎可以说达到了出神入化的状态。《西施泪》采用的声腔是婺剧的乱弹。婺剧的乱弹,本身就是以"三五七""二凡"为主体的声腔,是有大戏品质的声腔,因此在展现这种家国历史题材剧目时，具有有独到的表达能力和手段。从声腔到题材，包括演员自身对作品的理解，以及那一代名家的表演，使得这部作品成为婺剧的代表作，广为流传。

不同的声腔承载着不同的题材，像表现吴越春秋历史故事这种大剧，可能就适合用高腔、昆腔、乱弹之类来表达。婺剧还有一个声腔是徽戏。我们都知道安徽有徽剧，实际上20世纪50年代开始整理徽剧，就是由婺剧的老艺人来着手的。徽剧的那些剧目实际上也存留在婺剧的徽戏里，比如最脍炙人口的《辕门斩子》，还有今天我们重新改编的《穆桂英》，就是用徽戏来演的。它既能展现袍带的题材，又有中国长江流域独特的风土人情，因此在展现这些故事的时候，就很好地拿捏到了这类特定题材的精髓。

金华话和普通话并不矛盾

郑兰香说过，她进剧团后遇到的第一个挑战就是改变自己的口音。婺剧一定要说金华话，用金华话唱才会字正腔圆。舞台语言对戏曲的品质会产生很重要的影响，一个剧用方言来演，乡土味道会比较浓郁；用舞台官话来演，则能扩大它的影响，能够表达的题材也会更广泛。

婺剧的几个声腔使用舞台官话是一个很重要的传统。比如昆曲、高腔用官话，乱弹也用官话，实际上，官话跟方言之间的交织一直都是戏曲发展的必然过程。在金华地区，实际上用的是金华府城的话，这样能起到舞台语言统一化的作用。当然不能要求中国戏曲全都要用普通话，众多的戏曲还得用当地的方言。在婺剧的六个声腔里，可以看到舞台官话和地方方言彼此交织，滩簧小戏乡土味道就更浓，而在昆曲、高腔里，相对来说味道就更正统一些。

舞台语言实际上可以根据剧目推广的需要加以调整。比如《断桥》《穆桂英》这样脍炙人口的戏，流布大江南北，甚至走到了海外，已然变成了中国语言、中国形象的典型载体。从中国语言的丰富性来看，应该不断地进行调整，却不可以定为一种,不能说一定要是乡土话,或者一定要是官话才是舞台语言。

投身戏曲教育

郑兰香退休之后,就投身戏曲教育的事业中。2000年,郑兰香在浙江省武义县第一职校办起了"八婺艺苑"。2001年,武义县兰香艺术学校正式挂牌成立。迄今为止,学校向社会输送了超过六百位演艺人才,培养出国家一级演员杨霞云,国家二级演员梅雪应、汤义波,还有楼胜、巫文玲、吴青霏等婺剧青年演员中的佼佼者,解决了当时省内剧团后继乏人的问题。

郑兰香指导学生王玲表演《牡丹对课》

戏曲教育对非遗保护而言是非常重要的一个环节。这些年在非遗保护工作中发现,中国戏曲与很多中国传统技艺一样,往往依靠口传心授的方式传承。在传统社会里面，传授局限于人与人之间，比方你跟我、我跟他之间的单独传授。这种方式既有优势，也有局限。优势就是它的艺术精华往往能够得到很好的传承，局限是艺术的完整程度容易受到影响。比如某位婺剧艺术家最擅长的是滩簧某一个剧目，这个剧目可以传下去，但是对于这个剧种的其他多声腔的内容，往往会有所遗失。因此，近代以来出现了科班式教育方式，尤其是现代教育体制的推行，通过戏校等职业教育机构进行戏曲的传承，弥补了传统口传心授方式的不足。

郑兰香在婺剧教学中把传统的口传心授的方式与现代教育的方法结合，可以让学员在更优良的学习环境中，学习掌握更全面的内容，尽可能避免技艺流失。

（整理者：郭比多）

第十一讲

汉川善书

吴文科 主讲

吴文科

吴文科（1963— ），中国艺术研究院曲艺研究所所长，研究员、博士生导师，中国说唱文艺学会会长，中国曲艺家协会副主席。曾任国家社科基金资助重大项目暨国家艺术科学规划重点项目《中国曲艺志》（二十九卷本）总编辑部主任、中国艺术研究院研究室副主任（主持工作），中国民族民间文化保护工程国家中心（中国非物质文化遗产保护中心前身）第一副主任，为《中国大百科全书》第二、三版曲艺学科主编，《曲艺学》集刊主编。著有《"说唱"义证》《中国曲艺通论》《曲艺综论》《苏州评弹散论》和《相声考论》等多部专著。参与《中国曲艺志》的编纂指导及学术审定，先后获文化部颁发的"编审成果奖"和"特殊贡献个人奖"；2014年起参与国家社科基金重大项目"评弹历史文献资料整理与研究"；在海内外报刊发表学术文章五百余篇。国家级非物质文化遗产代表性传承人记录验收工作专家。

汉川善书的由来

"善书",顾名思义,就是劝人向善之书。在曲艺里,它属于评书里面的小书类型。善书从题材内容到主题思想,就是劝人向善,惩恶扬善;好人终有好报,恶人终究要受惩罚,因此,老百姓都非常喜欢听善书。俗话讲:"说书唱戏劝人方。"从这个意义上讲,汉川善书的具有积极的文化价值。

汉川善书作为一个独立的曲艺品种,从艺人的口耳相传和一些辅助材料来看,最晚在清代中叶就形成了。其形成过程,有人认为是从清代的"圣谕宣讲"活动演变而来,但事实上,民间早就有着由宗教宣传演变而来的"说善书"活动。只不过,清朝顺治帝沿袭明朝开国皇帝朱元璋写的"圣谕六言"即"孝顺父母,恭敬长上,和睦乡里,教训子孙,各安生理,毋作非为",以此发布全国,要求各地官府组织民众广为宣传,进行"高台教化"。后为扩大宣讲范围、提升宣传效果,官方就在民间原有的劝善说演活动中,引入了圣谕宣讲的内容,并在说善书的书台上供奉"圣谕广训"的牌位,以提升表演者的地位,实现政治宣传与文化娱乐的结合,汉川善书由此确立了地位。

因此,主流社会价值观、统治阶层对社会风气的倡导与汉川善书所追求的主题思想是相吻合的,都是要教人向善。

曲艺艺人为了自抬身价,也为了让宣讲表演更有一种仪式感,他们在寓教于乐的过程中,也搬出"圣谕广训"的牌位,以示行业的庄严,这并不难理解。我们过去讲《水浒传》里有"替天行道"的思想,那么,清朝的说书先生是替皇帝宣讲主流价值观,而这个价值观,无论是统治阶级还是被统治阶级,大家都是一致认同的,所以可以说,对于主流价值观的认同,也是汉川善书能够存留几百年的一个很重要的原因。

汉川善书的特点

湖北汉川素有"水乡泽国"之称,分别与仙桃、蔡甸、天门、应城、云梦等县市接壤,在长期的通商、通婚及迁徙中,本地语言、生活方式、风俗习惯都不同程度地受到周边的影响,形成了不同的方言、声调。这些方言、声调虽然不尽相同,但有一个共同点,就是发音的部位都在舌和前舌上,加上语音的升调和降调相互交错、此起彼伏,有很强的音乐性,因而外地人听汉川人说话就像是听歌一样。

汉川善书的表演,分"宣、讲、答、对"四项:"宣"就是唱,唱词为上下句体,唱腔为板腔体;"讲"就是讲故事;"答"就是唱叙过程中配合唱叙内容的插白;"对"就是上下场时演员的对白。不论哪一项,都要做到"舌生花""口生香""脸生色""目生光",以表喜怒哀乐之感,调动观众内心之情。

汉川善书的艺术特点和风格,艺人概括为十个字:"正派、雅致、动听、感人、完整。""正派"指内容不低级下流;"雅致"指表演轻谈慢叙、文雅有致;"动听"指说唱朴实浑厚、婉转悠扬、吐字清晰、丝丝入扣;"感人"指情节内容能够打动观众,字字句句、感人肺腑;"完整"指情节有头有尾、有因有果,如果不交代结局,观众会提出疑义甚至责难。

善书的表演称作"宣讲"。因"宣"字在前,"讲"字在后,往往有人认为宣词难于说词,其实不然。艺人们的说法是:"内行听说词,外行听宣词,同行听答词。"可见,说难于唱,答则更难。因善书所表现的大多是悲怨情感,大段的悲腔难免使观众的精神很压抑,聪明的艺人就在答词上下功夫,用"包袱"来调节气氛。答词一般不写在脚本书案中,主要靠临场发挥。答词的艺人既是包袱的制造者,又是包袱的揭示者,他一会儿要你心酸流泪,一会儿又叫你捧腹大笑,有张有弛,有起有伏,答对自然,气氛活跃。

汉川善书的演唱在人们的印象中是一个"哭"字,但这个哭并非"号啕",而是具有美感和魅力的表演。汉川善书之所以深受群众的喜爱,除了其简洁明了的故事情节、朴实大方的表演形式,其委婉动听、风格独特的唱腔也是深深打动观众的重要因素。

汉川善书的历史与现状

自清代中叶形成后,汉川善书在百余年间有了一定的发展。至辛亥革命时期,已知的艺人有王海元、谭新春、陈宗福、潘炳学等。行艺方式也由一人班发展至两人班,进而到多人同台,并用定场诗代替了念圣谕。唱腔曲调还吸收了"哭丧调""渔鼓调"等民歌及姊妹曲种的元素。在书目方面,在对传统节目进行整理、提高的同时,也创演了许多取材于本地传说故事的新书目,向大众传播新思想、新道德、新风尚,扩大了艺术影响。

与此同时,汉川善书艺人还走出家乡,涌向武汉,在鹦鹉洲、罗家墩至江岸一带搭班演出,并正式挂出了"汉川善书"的招牌,盛极一时。其时,汉川善书与黄陂花鼓、阳逻高跷一道,被誉为当时的"湖北三盛"。

1936年,黄陂、汉川两地的曲艺人在汉口的观音阁(今武汉市硚口区文化馆)成立了"评书宣讲联合公会",推举陈树棠、李少霆为理事长和常务理事,王海元为善书宣讲组组长。联合工会在抗战期间被迫停止活动,至1946年才恢复。联合公会的成立,为培养善书人才、提升善书艺术水平创造了良好条件。这一时期,卢维琴、周生炳、付海林、陈贻谋、付好安、何文甫、罗培芳等一批艺人加入了汉川善书宣讲队伍,成为汉川善书的知名艺人,他们的弟子,也是当今善书舞台上的骨干力量。

中华人民共和国成立后，汉川善书的地位不断提高。1950年，湖北省成立了"戏曲改进协会曲艺分会"，汉川善书为下设的一个组。1951年，汉川善书艺人李秀山参加了"中国人民赴朝慰问团"的演出活动，极大地鼓舞了善书艺人们。1981年，汉川成立了"民间艺人协会"，经文化主管部门批准的善书宣讲小组就有十三个，从事职业和半职业宣讲的汉川善书艺人不下百余，并破天荒地涌现了朱淑琴、程先美等一批女艺人登台宣讲。如今，汉川善书艺人已传至第六代，汉川善书发展的历史，也有二百四十余年。

徐忠德

2006年5月，湖北省汉川市申报的"汉川善书"项目经国务院批准，列入首批国家级非物质文化遗产代表性项目名录。徐忠德1978年师从卢维琴，是汉川善书的第五代传人。他精于善书曲本的创作和改编，宣讲表演时，声音洪亮、吐词清晰，擅演的代表性节目有《白公鸡》《红萝卜顶》《祥林嫂》《窦娥冤》等。徐忠德的得意门生熊乃国是汉川善书的第六代传人，现为省级传承人，目前从事汉川善书的研究、讲学、创作和表演。熊乃国宣讲善书三十多年，是汉川善书宣讲团的主要组织者。他擅长创作贴近现实、贴近群众且具有地方特色的善书节目，表演的感染力也很强。

遗憾的是，汉川善书的传承如今面临着青年艺人断档、传统流失严重等问题。一些有造诣的善书老艺人相继辞世，而年轻艺人能够独树一帜的极少，一些优秀的传统节目也濒临失传。

汉川善书的类属

曲艺是什么？曲艺就是演员以本色身份采用口头语言进行说唱叙述的表演艺术。它包括徒口讲说的各种评书、评话和相声，演唱表演的京韵大鼓、梅花大鼓、湖北小曲和四川清音，似说似唱即韵诵表演的山东快书、快板书，以及连说带唱表演的苏州弹词、各种渔鼓道情及汉川善书。不管哪种说唱方式，曲艺都是在用语言性的叙述，即主要用嘴巴来表演。表情、动作、身姿、仪态，都是配合口头叙述表演的辅助性因素。二人转里的舞蹈、三棒鼓表演中的杂技，也都是配合口头叙述的。这是曲艺和戏剧表演不一样的地方。

同样是唱，曲艺中的唱跟唱歌、唱戏的唱不大一样。曲艺是以语言性表达为主的叙唱即说唱，也可以叫"说着唱"；而唱歌是歌唱，音乐性强，唱词主要是为音乐服务；戏曲则是扮唱，就是演员装扮起来，以第一人称的口吻唱。所以唱戏是唱心，唱人物的心声；唱歌是唱情，抒发某种情感或情绪；唱曲是唱意，就是把你唱的思想内容通过语言性的传递让观众听明白。

汉川善书的传统表演形式是徒口演唱，即"干唱"，没有乐器伴奏，后来才增加了一些丝弦乐器，如胡琴、三弦、琵琶等作为伴奏。

因为是用说唱相间的方式讲述故事，所以汉川善书在曲艺中是属于"小书"类曲种。它有一个重要的演出道具，是醒木。在中国文化里，醒木不光是曲艺表演的道具，也是县官判案的惊堂木，主要作用就是提醒大家肃静，或者有时候辅助发言者转换情绪和气口，讲到愤怒处，讲到高兴处，讲到一个段落结束了，要转换气口，或者要另开一个头，都可以用醒木拍一下。许多说书类的曲艺表演道具，不仅有醒木，还有折扇，有时候还有手帕。

汉川善书传承保护的"硬道理"：内容为王、传人为重

舞台表演艺术的综合性是很强的，曲艺也是如此。不同的曲种，虽然具有不同的艺术构成，但语言性的叙述仍然是曲艺最根本的艺术表现特征。曲艺的表演，要用语言表达很多东西，包括叙述故事、抒发感情、传播知识、讲述道理、描绘景物、刻画人物等。这些功能或者说作用的发挥，主要是靠文学性的创作即以曲本的创作为基础。因而曲本作家承担着重要的责任，即专门创作供舞台说唱表演的脚本。汉川善书的表演脚本，是散文（说词）和韵文（唱词）交织的一种本子。当今无论是文艺创作还是传承保护，像曲艺、戏曲这样的传统表演艺术，不仅仅是要去保护、扶持演员和艺人，更重要的是扶持和培养能够创作优秀演出脚本的作家，即曲本作家和剧作家。任何艺术创作都要求"内容为王"，演员有再好的嗓子与口才，如果说不出一个精彩的故事、塑造不出一个可爱的人物，或者传递不出一种健康向上的思想及价值观，就没有市场，就不能更好地为老百姓服务。

徐忠德在誊抄善书曲本

因此，传承汉川善书首先要注重曲本的创作及曲本作家的培养。汉川善书有很多源于文学经典的传统节目，如《目连救母》《董永卖身葬父》《孟姜女哭长城》《窦娥冤》《白蛇传》《包公断狱案》等。故事人物身上所凝聚的忠孝节义、惩恶扬善、忠贞善良、刚正廉洁等精神品质，在今天仍有涤荡人心的力量。如汉川善书的代表性节目《红萝卜顶》，其主干情节就来自湖北民间流行的故事《三女婿拜寿》。故事中贫富悬殊的三位女婿在给老丈人祝寿的大排场中各露家底、各显其能。大女婿富贵骄横却愚不可及，二女婿也出尽洋相，而家境贫寒却聪明能干的幺女婿扬眉吐气。故事以幽默诙谐的情节来嘲弄势利者，长平民百姓的志气，显出深厚的人民性。这个节目虽然来源于民间故事《三女婿拜寿》，但在善书艺人的演绎下，情节要丰富曲折得多。这也告诉我们，对于汉川善书等传统艺术的传承与保护来说，能够推出引人入胜的好节目，才是硬道理。

曲艺是文学之父、戏曲之母，还是文化之舟，它能传播文化。反过来说，文学也能反哺曲艺。好的文学作品像《三国演义》《水浒传》《西游记》,尤其是《红楼梦》,是好多曲艺节目的题材来源,所以说曲艺与文学的影响是相互的。

如前所说,对于曲艺来说,曲本创作及节目内容非常重要。但当自己不能原创或者编一个全新故事的时候,就要用他山之石来攻玉,要引入别人的文学资源来为自己服务,这是古今中外所有的文艺创作,尤其是舞台艺术,包括影视剧创作走向成功的一个重要经验。

现在,汉川善书之所以受众比较少,或者说竞争力不够强,跟它的文学原创没有跟上,思想内涵、艺术形式不够吸引人有一定的关系。因此,在曲本创作方面要海纳百川、放开眼光,可以对小说、电影、电视剧进行改编。这样的话,曲艺的文学性也能得到提高。从文学里借鉴一些东西,非常有利于包括汉川善书在内所有曲艺样式的传承和发展,如此才能增强和提高汉川善书的内涵、魅力和吸引力。

传承人老龄化、受众老龄化、消费人群老龄化,这是包括曲艺在内的许多非物质文化遗产面临的严峻问题。汉川善书的舞台下,坐着的多是老爹爹、老婆婆,它的受众已经老龄化了,它的宣讲人也年事已高。有观众看,艺术才有存在的理由和价值。这是一条文化产业链,也是一条文化生态链。

非遗传承,必须要打"组合拳"

要克服非物质文化遗产传承的瓶颈,"头痛医头,脚痛医脚"显然无用,还是要打组合拳,即对症下药,多方施策。

今天保护非遗,国家给了很多政策,具体该怎么实施呢?当然是要扶持传承人,提升传承人的水平。要让年轻的传承人也有高学历、为社会承认。就汉川善书的发展而言,能否成立一个汉川善书的专业表演团体?能否修建一个专门的汉川善书说书馆?这样就能实现常年演出,慢慢实现由弱到强、由小到大、由少到多的良性循环。

总之,传承的关键无非就是两条:第一条是传艺,第二条是传人,人和艺都是不可缺少的。汉川善书的国家级代表性传承人徐忠德生前曾说,他还想继续"赖"在善书队伍里,给他的听众、他的徒弟们再宣讲一次善书。他的这种坚守,是非常有情怀的,这也是我们的非遗项目能够传承至今一个非常重要的原因。

目前,汉川市文化馆里的善书宣讲室,恐怕是为数不多我们还能听到善书的几个固定场所之一了。我觉得,完全可以在汉川市修建一个汉川善书的说书馆,专门供城乡居民或村民听书,提高场地的硬件水平并收取门票,经营成一个可以盈利的项目,使非遗传承人在传承文化的同时也能养活自己。

汉川市北街群艺馆善书宣讲台上的徐忠德

现在,汉川善书主要是在正月里进行演出,而在那期间全部的演出所得可能也就勉强够维持艺人一个月的生计。因此,政府的支持非常重要。

同样,受众也很重要。每一位观众的参与,都是对非遗保护工作的支持,也是非遗保护工作能够向前推进的动力,就像俗话说的,"众人拾柴火焰高"。

凡此种种，就构成了非遗保护的组合拳。打组合拳就是要搞配套措施，"头痛医头，脚痛医脚"式的单兵突进是不行的，效果也不会理想。

非遗传承，尤其是活态传承，就是要让非遗活在当下，融入生活，让书在说、戏在演、舞在跳，让手工艺品还在卖、还有人用，这样，我们的非遗保护才算是做到位了。

公开课主讲人吴文科与主持人张粥衍合影

（整理者：张粥衍）

第十二讲
沈少三与掷石锁

崔乐泉 主讲

崔乐泉

崔乐泉（1959— ），国家体育总局体育文化发展中心研究员，国务院政府特殊津贴专家，郑州大学、北京体育大学特聘教授、博士生导师，中华文化促进会体育文化与产业委员会主任，《体育文化与产业研究》集刊主编，国家社科基金项目同行评议专家。出版学术专著三十余部，主编著作三十余部，在国内外报刊发表研究论文二百余篇。国家社科基金重大项目"中国古代体育项目志"首席专家，承担多项国家社科基金重点项目和一般项目。中央电视台《百家讲坛》《艺术里的奥林匹克》等栏目主讲嘉宾。目前致力于体育史学、民族传统体育、体育考古学和体育类非物质文化遗产方面的研究。国家级非物质文化遗产代表性传承人记录验收工作专家。

掊石锁的起源和特点

掊石锁和摔跤都属于力技项目。在传统体育项目中，摔跤起源比较早，掊石锁是后来的一个项目，由于两个项目上肢跟下肢的锻炼有很多相通之处，因而在练习当中，练习掊石锁者，对摔跤的技法也必须了解、掌握。

有些年龄较大的掊石锁传承人，如沈少三最早就是练摔跤的。练摔跤可以增强肢体力量，主要是为臂力的增强打下基础，同时对腰部力量的增强也有一定好处。正因如此，摔跤和掊石锁二者的训练是相通的，而且表演形式在某些方面也是相通的，因此它们的关系比较密切。

在清代，与掊石锁相类的是抱石头、举石担。掊石锁最早是用手抓，为了手抓方便，就做成广锁的形状。过去的老石锁上边有把手，可以用来甩、拉、提、掊。这种形式利于手把持，也利于绕圈、掊、扔、传等技巧的发挥，所以掊石锁有各种风格、各种技巧形式。值得提及的是，练习掊石锁能起到锻炼身体的作用。

当然，掊石锁还有表演的功能。因为石锁本身的形状就很吸引人，如果再掊起来表演，就会舞出各种各样的花样，所以在力技项目当中，它与直接的抱(举)石头、举石担相比，特点是比较鲜明的。

过去有个传说，唐代李元霸的性格比较倔强，他的父亲唐高祖李渊就将一副沉重的石锁拴在了他的身上。但是历史上李元霸这个人其实是不存在的，他只是《隋唐演义》里虚构的人物，但这一传说却给了我们一个提示，那就是掊石锁这一力技项目的历史是比较早的。当然，掊石锁最早只是作为练武术、练摔跤的一种辅助训练项目，到了宋代和明清以后，掇石锁才发展为一种单独的力技项目。

掇石锁发展到现在，作为一种民族传统体育项目，它的发展前景是很广阔的。在中国体育博物馆就保存着一个由湖北征集来的石锁，是贺龙将军练武用的石锁。现在随着掇石锁技艺的进一步传播，各行各业都出现了掇石锁的高手。

中国传统的摔跤是不分级别、不分体重的，往往是大力士跟年轻人会有可能在一起摔，这跟现代奥运会的摔跤有些不一样。中国传统摔跤的起源，可以追溯到史前原始人与野兽相斗。过去有一个角抵戏，实际上讲的就是最早的摔跤。史书记载说，唐末出了一个蒙万赢，练摔跤练了一辈子，唐朝灭亡以后，他又到南方教摔跤，教出了好多徒弟。这反映出那时的摔跤就有传承了。到了清代，清宫里边的摔跤叫布库。摔跤在中国有着悠久的历史，形式多种多样。现在列入国家级代表性非遗项目的摔跤就有好多种：汉族的摔跤、蒙古族的博克、朝鲜族的摔跤、彝族的摔跤等。其实，摔跤在中国是一项丰富多彩的活动，几乎每个民族都有自己的摔跤。

沈少三本人最早是练摔跤出身，到了开封以后，看到别人练习掇石锁，他就转去练掇石锁了。他最初掇石锁是为了挣钱、养家糊口。

说起沈少三的掇石锁技艺，不得不提北京的老天桥。老天桥最初并不是一个杂技场子，只是一个贫民区，后来一些为生活所迫前去寻觅出路的艺人，陆陆续续聚集到了那儿，它就成了一个艺人的集聚区域。为了长久在这里卖艺，艺人们就用一些白沙、白粉等把卖艺场所圈起来，表明这是我的地盘了，这就叫"撂地"。后来卖艺的越聚越多，有杂耍、掇石锁、拉硬弓、玩大刀、举中幡等。随着各种杂技表演者聚得越来越多，天桥逐渐形成了一个杂技表演市场，到民国时期达到了鼎盛阶段。当然，除了杂技还有其他各种表演艺术技能的人，为了混生活都聚集到这里来了，于是形成了一个大的市场。

当然，现在的天桥已经不是原来那样了。现在民间传承的很多体育、杂技项目，尤其是这些技艺的传承者，都与天桥有很大的关系。就拿沈少三来说，他祖父就是练摔跤的，后来他父亲又跟着他祖父学，而他就跟他父亲练，可以说是一个摔跤世家。沈少三父亲早年在天桥表演摔跤,后来全家搬到河南开封以后沈少三开始练习撂石锁的。在后来的日子里,沈少三通过撂石锁技艺带出了好多徒弟,使得撂石锁技艺在开封有了广泛的传播。直至今日,撂石锁活动逐渐受到群众的广泛喜爱。其实,撂石锁在今天的湖南、湖北也有很多的传承,这对撂石锁技艺的广泛传播起到了很大的作用。

在杂技发展史上,有些技艺如口技,主要是依靠本人身体的一些器官的功能发挥来实现的。有些则要靠器械的辅助才能完成,而撂石锁就是这一类项目,它的辅助器械就是石锁。随着时代的发展,石锁也有一定的改进:过去是直接用石头雕琢,现在出现了E型锁等类型。这类被称为E型锁的石锁是南京体育学院研制出来的。

E型锁就是在石锁中间装置了承重模块,外边又包了一层防摔和防摩擦的东西,而把手下面则带有电子显示器,可以显示举了多少次、重量是多少。随着社会发展,撂石锁所用的器械不断改进。当然无论怎么改进,石锁的传统形状、石料、质量构成都不会改变,还要保持下去。随着社会的发展,任何一个项目都不会原封不动,在某些表演、竞技活动中,其形式都可以有一定的拓展,都在逐渐完善,包括器材形制和比赛、表演规则。

撂石锁靠的是调动全身的力量,把石锁扔起来、撂起来,并要做出转花等各种动作。表演者在撂石锁过程中,不但本人在转,还要把石锁撂起、抛出去,还有从胯下提起来的各种动作。刚开始练撂石锁的时候,石锁形式和撂的方式都比较简单,只要能够举起来、能够转起来即可。经过长期练习以后,撂石锁就会练出各种花样,甚至包括绕肩的、绕头的、绕身的、从胯底下钻过来的……动作一多,艺术性就增强了,对观众的吸引力也就大了。所以说,撂石锁不光看表演者能不能把石锁拿得起来、提得起来,还要看能不能玩出花样、能不能吸引人。

中国传统杂技艺术和体育活动一个最大的特点是:除了器械本身的使用,还讲究如何利用器械玩出一些艺术形式来。在这方面,撂石锁就有它自己的特点。一般外行人看掇石锁表演,觉得提起来都困难。但对掇石锁大师,比如沈少三,他不但能提起来,还能玩起来,做出各种花样来,当然这是长期练习的结果。至于这些花样的特点和规律,实际上都是艺人在长期实践中慢慢摸索出来的。

也许沈少三的师父有其他花样,到沈少三这里就变了,这就是掇石锁形式的革新、演绎和完善。现在我们见到的各种掇石锁的花样,也许与过去的形式是一样的,但是进行了改编。传统的掇石锁形式中,艺人们为了生存,有些花样对人的身体是有损害的,不过发展至今,这些对艺人身体不利的花样慢慢被取消了,一些对身体有益的动作不但保存了下来,还演变出了另一些新的花样。

现在掇石锁的花样有几十种,都是通过长期实践摸索得来的。但是在正式的比赛中,花样就那么几种,因为它是要打分的、要参与到比赛当中,如此一来就要遵守比赛中的一些规则。在民间流行的掇石锁表演,表演者会根据自身特长进行独特发挥。

沈三和沈少三:掇石锁的传承

沈三出生在北京的牛街,牛街位于现在的西城区。沈三在兄弟当中排行老三,所以大家都叫他沈三。他这个人,对人比较热情、重友情,别人就给他加了个"友"字,叫沈友三。这沈友三长得膀大腰圆,身体比较强壮,就喜欢摔跤。

沈友三是跟随父亲学的摔跤,但摔跤在当时并不是一种职业,他就靠推着车卖骆驼肉来维持生活。后来在卖骆驼肉的过程中,他走到天桥,看到有人在练摔跤,他也停下来练。如此一来,那些撂地的人就不服了,便出来挑战。挑战的结果是,他们都被沈友三给打败了,这样一来,他的影响就有了,后来他就在天桥扎根,有了自己的场子,开始教徒弟。

1932年,北平举行摔跤比赛,沈友三获得了冠军,傅作义将军还给他发了奖杯;1933年,第五届全国运动会在南京举行,他去参加又获得了冠军。沈友三靠自己的努力、靠着自己摔跤的技巧,把整个老天桥的摔跤带动了起来,也成为当时的"八大怪"之一,影响很大。后来到了40年代,为生活所迫,沈友三全家迁到开封去了,最终他在开封逝世。

沈友三的儿子沈少三是从父亲那里学的摔跤,在随家人迁到开封以后,他最初也是跟着父亲靠摔跤卖艺讨生活。父亲去世以后,他便带着全家练摔跤、维持生活。练了一段时间后,看到附近场子有练石锁的,他就来了兴趣,也跟着练了起来,慢慢地,他就开始了撂石锁的练习。

沈少三年轻时撂石锁

沈少三有摔跤的基础,因而撂石锁练得非常好。在他练撂石锁的过程中,有几位师父对他帮助很大。有一位姓马的撂石锁行家,看沈少三石锁练得不错,就主动指点他。经过马师父和后来几位师父的指点,沈少三在撂石锁领域逐渐有了名气,成了大师,后来他也开始带徒弟。到1949年前后,沈少三摞石锁的技艺已经非常高超了,在当地影响也非常大,甚至闻名于整个河南地区。而在中华人民共和国成立初期举行的几次运动会上,他还带领徒弟们参加了比赛,对摞石锁技艺做了有力的宣传。

沈少三的摞石锁技艺,是根据自己的动作与身体接触的形式结合起来练的。其中包括举的形式、绕身的形式,都与身体的动作有关系,这与过去的武术动作一样,都是根据动作在各个部位起各种名字。

其实好多传统体育项目,特别是武术当中的各种拳术、各种器械,甚至摞石锁的各种动作,都是与身体的某个关节、某个动作、某个部位有很大关系,往往通过名字就能想到这个动作是从哪过来的,是与哪有关系的。

沈少三有家传的摔跤、摞石锁技艺的传承基础,且为人友善,在后来的摞石锁过程中,他不只自己刻苦练习,还教出了很多徒弟。他本人也特别希望把摞石锁传承下去。

沈少三经常坐着公交车跑很远的路,免费教学生练摞石锁。他对学生特别热情,循循善诱。沈少三很感激党和国家对他的培养,感谢相关部门为他传承摞石锁技艺提供很好的条件,所以他要报答国家、报答人民,把自己的技艺传承下去。

其实好多有传统技艺的老传承人,都想把自己的技艺传承下去,使之不至于失传。现在国家对非遗保护工作大力支持,投入也很多,好多年轻人也开始慢慢地喜欢上了摞石锁这个项目,甚至有些不是本家族的年轻人,由于喜欢摞石锁,也加入到传承队伍当中来,对项目的传承起到很大的作用。

沈少三传承摞石锁得到家人大力支持,他妻子将家务活儿都包揽下来。在外边,徒弟们对师父也很支持。社会各界对他也很尊重。

沈少三的摞石锁技艺能发展到现在,是由很多因素促成的。任何一项技艺,只要对身体、对社会发展有利,练习者也有恒心去练习,这项技艺反过来也会对练习者的心理素质、品格产生积极的影响。摞石锁能够磨炼意志,而且通过跟各种人打交道尤其跟各种观众打交道,也能练就人的高尚品性。通过撂石锁,沈少三把他的整个习性、把与人交往的性格都给练出来了。

传统技艺得到发展

1953年,天津举办了一次全国民族形式体育表演及竞赛大会,其中就包括举重和撂石锁的表演。表演结束后,运动员受到毛主席的接见,又到中南海为中央领导人进行了表演。

当时的这次运动会,只是民族形式的运动表演大会。在20世纪80年代,国家筹备举办全国少数民族传统体育运动会,将1953年在天津举行的这次民族传统形式的表演大会称为"第一届全国少数民族传统体育运动会",此后便有了第二届、第三届。

沈少三在这次运动会上取得了很好的成绩,后来他又作为撂石锁的教练,几次带领河南代表团参会并创下佳绩。在后来参加的一次运动会比赛开幕式上,每个代表团都有在前排打旗的、有在后边表演的。河南代表团没准备,怎么办呢?有人就跟沈少三说:"你上吧。"沈少三说:"我没准备,那就练吧。"其实,这石锁练一会儿行,练长了让人吃不消。开幕式要围着一个体育场转一圈,沈少三本想随队伍走到主席台那儿表演一会儿,走过主席台再停下。但后来观众不干了,不停鼓掌让他继续表演。面对观众的热情,沈少三只得继续表演。一个开幕式下来,团长问他怎么样,沈少三说:"我不行了,实在受不了了。"

虽然那一次对沈少三来说压力很大,胳膊酸疼了好几天,但他的名气却打出来了。此后,每一届全国少数民族传统体育运动会,撂石锁都是必演项目,而且连续参加了好几届,影响越来越大。沈少三就是从那个时候开始,成为撂石锁项目的名人。后来有很多人跟他学习,与那次表演有很大的关系。

沈少三参加第四届全国少数民族传统体育运动会

    过去传统技艺的传承都是师父传徒弟，一传一，而且就传几个人。1949年以后，河南省成立了掇石锁队，聘请沈少三担任掇石锁队的教练。教练主要是传承技艺的，教授队员们如何掇、掇的过程中注意哪些要领，但沈少三还用自己的言行教育队员们如何做人。沈少三本人是比较有威望的，所以在他的带领下，整个河南省的掇石锁项目，在很长一段时间得到了很大的发展。当时全国有好多地方，像江苏泰州也有掇石锁项目，但在沈少三的带领下，开封的掇石锁发展得最好，全国闻名，普及程度非常高。现在，他徒弟的徒弟都当了教练，带动了整个河南省的掇石锁发展。目前掇石锁在全国已经发展出好多团队、好多支系了。

众所周知,我国体育项目大多采用举国体制。这种体制的一个优势是国家提供各种条件来保障项目的训练和比赛。当然现在有些项目正在改革,像掷石锁,除了参加比赛国家给予支持以外,它在民间的发展也很快。民间的一些组织为传统文化的传承做出很大贡献,包括资金上的支持、培训上的支持、人员上的支持。我们的传统体育项目,包括掷石锁这种技艺,一直是向好的方向发展。特别是这几年,我们国家大力推广、大力发展传统体育文化。2017年,中共中央办公厅、国务院办公厅印发《关于实施中华优秀传统文化传承发展工程的意见》,其中提到,传统武术这一非物质文化遗产如何进校园的问题。沈少三曾经把掷石锁运动传播到了校园,带领小学生进行训练。这是一个很好的推广渠道,也标志着我国的传统文化传承具有良好的氛围和基础。

中西传统体育的差别

说起掷石锁这一传统体育项目,就会很自然地想到流行的现代竞技体育项目。其实中国传统体育跟西方的竞技体育是有很大区别的。西方的竞技体育讲究高度科学的训练和比赛,我们的传统体育项目在这方面则要求得不是很多,更讲究娱乐性、竞赛性、教育性。我们好多体育项目、比赛都讲究适可而止,不像西方的体育项目力图把人的潜力挖掘到极致。我们的传统体育项目是与人的健康挂钩的,以对人健康有利、对身心有利、对教育有利为目标。

四年一度的全国少数民族传统体育运动会把很多民族传统体育项目吸纳进来。1953年的时候项目还比较少,那时主要是以武术项目为主,但到了2019年在郑州举行的第十一届全国少数民族传统体育运动会,小项就达到了一百九十多项,包括表演项目和正式比赛项目。过去我们正式比赛项目多、表演项目少,后来从五十五个少数民族每个民族选了几个有观赏性、竞技性、娱乐性的项目,放到民运会里进行表演。

摚石锁是很多届全国少数民族传统体育运动会的表演项目，它与西方竞技体育不一样，两者有着不一样的体系。常有人问：我国很多传统体育项目能不能进奥运会？比如武术，为什么进不了奥运会？这里会涉及如何打分的问题。要进入奥运会，就要变成武术体操，对传统武术的发展会有影响。要积极想一个两全其美的办法，既保持传统武术的发展，又能让传统体育与世界的竞技比赛接轨，这对传统摚石锁的发展和传播也有着极大的影响。

回到摚石锁这一项目上来。这一项目也被称为"中国的举重"。它除了在自己国家、在自己民族当中进行演练、比赛、传播，能否融入世界比赛呢？融入世界比赛，就要有适合于世界比赛的一些表现形式。这是一个未来发展路子，肯定要走，至于怎么走，那需要一个长期的发展过程。我们的传统体育项目是大有可为的，它不仅是中华民族传统体育项目，也必定会走向世界。

沈少三的徒弟们年龄跨度比较大，有小孩、中年人、老年人。如今沈少三把各个梯队都建立起来了。摚石锁一般是从小孩开始练起，若从中老年开始练的话，好多关节都已经定型了，但是老年人可以慢慢从小石锁开始练，慢慢也可以把肌肉拉开，对身体有利，所以各年龄段锻炼的目的和强度不一样。中年人可以进一步提高难度，石锁稍微重一点。小孩可以从小开始练基础，然后练花样，最后练大石锁。

沈少三临近中年才开始转行练摚石锁。练摚石锁对摔跤也是有帮助的，这两个项目是相辅相成的，都是力技项目，以力的技术来进行练习，所以说他的摚石锁在传承过程当中跟摔跤的传承也有很大关系。

随着全民健身的推广、传统文化的普及，很多人都加入到这个行列中来，如今各地公园都有人在练。摚石锁在增强人的体力、影响人的生活、锻炼人的性格方面都有很大帮助。

摒石锁的旧困境和新环境

摒石锁发展到现在，与很多非遗项目遇到了相同的问题：一个是它本身传承队伍的问题，一个是传承场地的问题。像摒石锁，沈少三就换了好几个地方教授。在2012年之前，很多场地是不对外开放的，后来随着全民健身的开展，国家大力支持，把一些场地甚至各省市体育局的场地也对民众开放。老百姓不仅可以到公园里面，也可以到正规场地练摒石锁。

沈少三说过，过去找不着场地训练，找不着地方带学生，现在情况慢慢地在改善。随着非物质文化遗产的推广、保护力度的加大、传承人待遇的改善，他们更有能力、更有兴趣来带动更多的人加入到传承的队伍中来。近年来摒石锁确实有了很大的推广、很大的发展，上至七十岁的老人、下至十几岁的孩子，石锁练得非常好。

现在很多地方都成立了地方协会，各级政府包括文化部门，上至文旅部，下至省的文旅厅、县的文化馆，都有专人对这些项目进行管理、支持；社区里有专员负责；还有各种培训班，有社会注入资金的，有国家投入资金的，还有传承人自筹资金的——有的传承人自己投资办班来传承自己的技艺。另外，他们还把传统项目融入学校的教学当中，传承人亲自到学校进行教授。

传承人跟传承项目是融为一体的。传承人从小就练习这些项目，对项目的感情确实不一般。沈少三的祖父、父亲练摔跤，到他这儿先练摔跤，后来转为练摒石锁。他对这个项目充满了极大的热情，视其为自己的孩子一样。他教育他的徒弟们认真对待这个项目，这样摒石锁就能传承下去了。

沈少三是回族人，他不光把这个项目传到回族里边去，而且也在其他民族里传授。现在随着社会的发展，人们的交流也多了，很多少数民族传统项目都是共享的，有的项目在很多民族之间都是以同一种形式流行的。沈少三将这种常练的摒石锁进行宣传,已经突破了单一民族练撂石锁的范围。现在全国各地遍布撂石锁基地,这就说明撂石锁不是某一个民族的、也不是某一个地区的,而是全国性的,甚至世界上的很多华人地区也有撂石锁这项运动。

撂石锁的技艺是通过长时间的练习练出来的、磨出来的。沈少三通过自己的亲身实践,研究出石锁怎么制作、各种型制的大小、适合于什么人,同时这个石锁的花样、撂的形式怎么做,他经过多年的实践都有所见识。他在教小学生的时候、在教徒弟的时候,都会指出这个石锁该怎么拿、往哪歪,石锁拿起来向右、向左、向胸前歪或向外歪,它都不一样。石锁这么重的东西,把手拿到中间、拿到两边都是不一样的,而且它歪的方向不一样,投出去的方向也不一样,打出来的花样就不一样。

撂石锁必须手把手地教,光靠言传是不行的。沈少三已经是八十多岁的老先生了,还亲自到操场上教小学生练,这一点对撂石锁的传承意义重大。

除了传承人自己带徒弟的方式,传承也可以靠田野调查、做口述史等方式用文字、影像记录。有的传承人年龄大了,虽然自己掌握了很多技艺,但是他不能具体做了,就通过口述史或田野调查的形式将其技艺记录下来、拍下来,然后进行整理,再将整理成果传播出去,让更多人了解它。

(整理者:刘东亮)

第十三讲

牛玉亮与口技

崔乐泉 主讲

口技在天桥

说起北京老天桥,让人印象深刻的,莫过于"天桥杂耍""天桥艺人""天桥杂货""天桥小吃"等。天桥的形象始终与抖空竹、拉弓、爬杆、估衣摊、"八大怪"、吹糖人、江米切糕等密切联系在一起。

天桥最早是一个贫民区,后来一些北京当地和外地来京的卖艺人就在这儿撂地讨生活。所谓撂地,就是用白粉子在地上画个圈儿,也就是俗话说的"圈地",行话说的"画锅",锅是做饭用的,画了锅,就意味着有了场子,艺人有了演出场子就有饭碗能吃饭了。久而久之,就发展成为以"北京老天桥"为代名词的民间艺人聚集地,有唱戏的、有玩杂耍的等,还有吃喝一类经营摊位的。

根据记载,老天桥的游艺杂技一类的杂耍有五六十家,主要形式包括举中幡、撂石锁、打弹弓、拉硬弓、举大刀、抖空竹、舞叉、爬杆、钻火圈、吞宝剑、吞铁球、上刀山、飞刀、皮条杠子、罗圈当当、魔术等,项目繁多。北京的传统杂技项目多是由这儿发展起来的。1949年后,随着社会秩序的整治,北京老天桥逐渐规范起来,成为老北京民俗文化的重要聚集地。

在北京老天桥的传统杂技表演项目中,口技是一类重要的表演形式,后来也成为现代杂技表演中的特色项目之一。说起口技,它在中国历史上出现还是比较早的,关于古代的口技,文献中还有一段很有意思的记载。

西汉史学家司马迁在其《史记·孟尝君列传》中记录了这么一件事:齐国的孟尝君是战国时期四大公子之一,他养食客三千多人,其中就有许多为他排忧解难的能人异士。孟尝君的才能和人品让秦昭王非常仰慕,于是就派人请他到秦国做客,并欲拜其为秦相。作为见面礼,初到秦国的孟尝君为秦王献上了一件名贵的白狐裘。但秦王对孟尝君才华的敬佩引起了秦国大臣的嫉妒,于是有许多大臣就向秦王进谗言,让其软禁孟尝君甚至将其杀掉。危急时刻,门客建言孟尝君派人去求秦王的宠妾燕妃,燕妃却说:"如果孟尝君送我一件和大王一样的白狐裘,我就替他想办法。"听了燕妃的话,孟尝君不禁暗暗叫苦:"白狐裘就这么一件,现在到哪里再去找一件呢?"这时一位食客自告奋勇地对孟尝君说:"我有办法,明天之前我一定可以弄回一件白狐裘来。"到了晚上,这位食客偷偷进入王宫,学着狗叫把卫士引开,顺利地偷回当初献给秦王的那件白狐裘,而孟尝君便将这件白狐裘送给了燕妃。收到白狐裘的燕妃果然替孟尝君说了不少好话,过了没多久,秦王就释放了孟尝君。

  孟尝君害怕秦王反悔,一被释放就马上乔装打扮,趁着月黑风高的夜晚离开了秦国。但当他们来到秦国边界函谷关时,由于正值深夜,城门紧闭。而按照秦国的法律,城门必须等到鸡鸣才会开放。此时的孟尝君万分着急,因为秦王觉察到了孟尝君出逃,已经派兵追捕他。就在这紧要时刻,有位食客灵机一动,扯开嗓子学着鸡鸣"喔……喔喔"叫了起来,一时间,全城的鸡都跟着一起鸣叫。守城门将听到公鸡鸣叫,以为天亮了,就按照规定把城门打开。孟尝君一行人就这样平安通过了函谷关,安全回到了齐国。

  通过这个故事,我们看到春秋战国时期就出现了口技这一技艺。至宋代,口技已成为相当成熟的表演艺术。到了晚清民国时期,口技已经从单纯模拟某一种声音,发展到能同时用各种声音串成一个故事,并有了"口戏"的称谓,也俗称"隔壁戏"。当时,在人面前对着观众表演的口技叫明春,而躲到幕后表演的口技叫暗春。表演的节目有"军旅狩猎""群猪争食",甚至飞禽猛兽、风雨雷电等,表现得无不惟妙惟肖,令听众有身临其境之感。

  发展至现代,口技的暗春表演形式基本上没有了,大众化的口技表演形式还是明春。不过在许多杂技表演形式中,还个别穿插一些暗春形式,为的是增加欢乐的气氛。

牛玉亮的口技传承

早期从事口技表演的是一些底层的民众。1949年前,不光是口技,其他杂技项目,也都是维持生活的一种技艺。

口技作为一种生活手段,只要家里有一人掌握这种技巧,就会将其传给家人、传给后代,使其成为一种维持生存的技能。通过这种传承,口技就会在亲人中不断传承下去。在传统的技艺传承中,还有着传男不传女、传内不传外等习俗,而这种习俗的形成实际上都是由家族传承,当然,现在已经有所改变了。

在杂技技艺中,口技比较适合口传心授的传承方式。因为口技是通过人身体里边某些机能的独特发挥而表达的一种技艺形式,这种技艺在某种程度上超过了某些人类自然生理的极限,所以传授这一技能,主要靠的还是口传心授,且多是一对一进行的,不像其他的杂技、体育项目那样通过动作示范来传授。像口技这类杂技形式的口传心授方式,一是要通过动作形式亲自教、亲自学,二是要领会发声的技巧,包括耳、舌、口等不同器官的运用。耳朵如何听、舌头如何发声、嘴唇怎么动、牙齿怎么动等,都要充分协调好。

过去,口技的传承是面对面教学。随着现代科学的发展,现代声光电教学技术的运用,大教室教学中声光电系统的完善,也为口技这一技艺的传承起到了很好的辅助作用,一对一的传承方式也开始有了突破。

现代化的教学方式使口技的传播更广泛,也更直观,通过传统与现代化手段的结合,许多口技的学习者能从各个角度来掌握口技的各种要领。现在我们常常看到一些口技的传承方式,比过去传承的速度要快,而且更加规范化、规模化。

牛玉亮,国家级非物质文化遗产代表性项目口技的代表性传承人。

在六十多年口技研究、表演的人生经历中,牛玉亮在继承传统的基础上不断改革、创新,为口技技巧的发展做出了巨大贡献。经过总结、实践和摸索,他对传统的以口技运气发声形式进行的一成不变的单呼吸发音口技进行了拓展创新,发明了"循环运气法",开发出了新的气源,发明了新的声域"循环发声法"等。他还利用单音、双音、颤音、圆音、哑音等的组合音,适时选择其中的刹音、刹头音、刹尾音、拖音等,摸索出了模仿各种自然界声音和音阶的技巧,更准确,也更自如。

为了做好口技的传承,牛玉亮总结出了一套适合口技技艺传承的独特艺训,要求口技表演者做到"真、准、美":"真",是指要有真实的生活、渊博的知识、扎实的基本功,以及科学的方法;"准",是指发音要准确、清晰,表达事物要准确到位;"美",是指以假乱真的高超技术,即惟妙惟肖、出神入化的表演艺术。口技表演者如果做到了上述几点,技艺就会大有长进,从而使观众如身临其境,得到艺术美的享受。

经过多年的实践,牛玉亮先后推出了传统口技优秀节目,如代表作《百鸟争鸣》《百灵鸟叫十三套》《二鸟争食》《玉鸟欢唱》《纺棉花》《推小车》等。

牛玉亮虽然文化程度不高,但是他凭着自己的努力,总结三十多年学习、调研心得,撰写出了《中国口技》一书,并录制了光盘《教学与欣赏》,为口技奠定了理论基础和科学论述。他撰写该书的目的,就是为了把自己的技艺传承下去。这本书可以说是凝聚了牛玉亮一生的心血,融进了他一生的口技实践。经过多年的实践,牛玉亮的口技技艺已经达到出神入化的境界。

牛玉亮的口技在中国口技界可谓独具特色。他经常对徒弟们说:"口技来自生活,它模仿的都是人们熟悉的声音,所以,选择哪种声音展示给观众,这里头很有学问。"正因为如此,在随团出访三十多个国家的过程中,牛玉亮每到一地先了解当地的文化背景、风土民情及人们的生活习惯,然后再有的放矢地与观众交流,将自己的表演与当地风俗民情结合起来。这种结合当地风俗民情的口技表演,影响更为广泛。

第十三讲 牛玉亮与口技

牛玉亮在桂林表演口技

牛玉亮两次赴美演出,其表演的口技技艺在当地引起了很大反响,为此美国一家演出公司的老板极力挽留说:"你要是留下,我让你发大财。"并许诺给他专辟一个演出场所,再把家眷接来,甚至许诺为其办理美国绿卡等。牛玉亮却一点儿也不动心,因为他知道:"口技是中国的,我是中国人,我的根就在中国。"

在牛玉亮赴斯里兰卡访问演出时,时任斯里兰卡总统贾亚瓦德纳看了他的口技表演后非常高兴,亲自走上舞台拉着牛玉亮的手,对中国驻斯里兰卡大使说:"一定要请牛玉亮先生为我们培养两个口技演员。"

牛玉亮认为,口技在过去属于小众之技,发展到现在,已经成为一种大众喜闻乐见的娱乐形式。其实,只要是中国传统艺术形式,只要是接地气,只要是与大众生活密切相关,都会有发展前途。口技作为一项传统的技艺,在中国具有如此悠久的历史,并一直传承至现在,与它所具有的独特内涵密切相关。我们见到的口技艺术形式,已经与人们的生活融为一体。我们现在的生活水平提高了,文化包容性也更强,传统口技的应用性与各种生活的结合也会更为密切。这一技艺将为人们的生活提供更多的乐趣。

师父领进门,修行在个人

牛玉亮说,学习口技,师父只是教一些技巧,怎么发声全靠个人。在口技的学习过程中,师父教你怎么发声,你得按照师父的指点勤学苦练,尤其是牙齿、嘴唇、舌头等特殊部位的发音,更要每天苦练。因为一个口技大师要练上一辈子,才能掌握这些技巧。

值得庆幸的是,多年来,口技逐渐走进了学校、走进了社区,得到了更好的传播和传承。今天,为了传承中国传统的杂技艺术,许多地方还成立了各种培训机构,民间自发的培训班子也不少。这些平台都对口技技艺的传承、普及起到了很大的推动作用。

口技的魅力是通过口声传出,通过耳朵来感受的。口技技巧是以口部为基础,通过舌、唇、牙齿等的发声,以此模仿自然界的各种声音。口部发出的声音包括了百灵等各种鸟叫,还有风、雷、电等自然界的声音,甚至路途上奔跑的车马声等。

现在口技表演的主要形式是明春,这种明春的口技除了模仿上述所说的各种声音之外,还结合了口技艺人的肢体表演。配以肢体表演的口技,因为有了声音与肢体表演的协作、声音的对应,更让观众有身临其境之感。这个跟过去传统的暗春是有区别的。如今,口技能够模仿的素材、模仿的场景越来越多,这就使其发挥的空间也越来越广阔,对人们的吸引力也越来越大。

总之,只有勤学苦练、勤观察自然界中的各种声音现象,把发声练到与自然界融为一体,才可以说口技技艺达到了一定水平,才可以面对观众表演。

第十三讲 牛玉亮与口技

口技的前景

口技作为我国非物质文化遗产的一种特殊项目，在注重传统文化传承的今天，发挥的作用会越来越大，前景也会越来越广阔。

任何一门传统技艺，包括口技，都是一代一代传承下来的，也有的是隔代传承的。但不论怎么传承、传播，口技都是一对一的传承模式。所以从牛玉亮的师父孙泰传牛玉亮，牛玉亮传他的徒弟们，都是通过师父亲身传授，才将这一技艺一代一代传承下来。

当然，现在传承的渠道多了，除了师父和徒弟之间的传承，现代科技的融入让传承方式也有了改变。比如大班的传承、社区的传承等，都是结合现代化设备进行口技的传授。

牛玉亮（右一）和徒弟们合影

以往，许多杂技技艺多是在社会底层、在平民百姓中间流传，有的在少数民族偏远地区传承。随着社会发展，经济水平的提高，许多年轻人到城里工作，这样一来，给口技等技艺的传承带来了一定的困难，也使得口技技艺面临着失传的危险。

值得庆幸的是，国家对非物质文化遗产传承保护非常重视，国家出资对一些濒临失传的传统技艺进行了发掘、整理、保护和传承，其中就包括口技。除了国家的重视，在口技技艺的传承中，传承人也要自觉做好传承工作，要有一定的责任心。

就目前对传统口技技艺的保护而言，除了社区和政府的投入，国家图书馆也做了很重要的保护传承工作，地方媒体的宣传也起到了积极的作用。此外，与学校教学结合，通过大力提倡传统文化进校园活动，口技也开始融入校园文化之中。目前已经有很多学校开展了传统杂技在校园的推广活动，其中就包括口技技能。

随着科技的进步，一些现代化手段已经融入到非遗的保护之中，传统媒体如报纸、广播之外，微信、微博、抖音等自媒体形式，也在做着包括口技在内的传统文化的推广工作。这种多媒体的宣传，已经将口技这一传统杂技形式普及到各个阶层、各类人群，甚至对在国外传播也起到了一个宣传作用。

牛玉亮的夫人，对于牛玉亮全身心投入口技的研究与传承工作是很支持的，她甚至放弃了很多个人爱好，全身心、无条件地支持口技技艺的传承工作，在生活等方面也给予其大力支持，付出了很多的心血。

国家级非遗分为十大类，而杂技与传统体育和游艺归于一个大的类别。到目前为止，共进行了五次全国性的非物质文化遗产项目和传承人的评审，在传统体育、游艺与杂技类中，体育占了百分之九十多，杂技相对而言占的比重却不多。

这是有其特殊原因的。杂技属专业性较强的项目，普及率相对低，传承人相对要少一点；以往的杂技虽然在分类上较为丰富，但是真正用来表演的形式却不是很多；另外，杂技的练习和技能的掌握，是一个长期艰苦的过程，要练好需要付出很大的努力。

此外还有一个重要原因,就是国内专业的杂技班子不是很多,培训机构也不太多。许多大学都有专门的体育学院进行教学、训练,开展体育活动,相比之下杂技在学校里的传承就少很多了。虽然我国的传统杂技经常在国际上获得大奖,但是申报项目时相对来说要少一点。根据五次全国性评审来看,第一次至第三次列入国家级非遗代表性项目名录的杂技项目相对要多一些,但第四次则相对较少。这是因为各地对杂技管理方式不同,造成管理机构分散、许多杂技传承者对国家非遗的评审政策不太了解。不过,随着这两年相关政策的宣传,传统杂技艺术逐渐引起了人们的重视,如在公布的第五批国家级非遗代表性项目中,列入的杂技项目较之前就有了增加。这对整个杂技的传承工作将起到较大的推动作用。

公开课主讲人崔乐泉与主持人刘东亮合影

(整理者:刘东亮)

第十四讲

郭泰运与朱仙镇木版年画

孙建君 主讲

孙建君

孙建君（1951— ），中国艺术研究院研究员，曾任中国工艺美术学会民间工艺美术专业委员会主任委员，国家社会科学基金项目《中国民间美术全集》编委及《木偶皮影卷》《面具脸谱卷》主编，艺术学科国家重点科研项目《中国美术史·隋唐卷》工艺美术部分撰稿人，国家重点图书《中国美术分类全集·中国现代美术全集·陶瓷》《中国美术分类全集·中国织绣服饰全集·织染卷》撰稿人，国家级非物质文化遗产代表性传承人记录验收工作专家。

中国木版年画的鼻祖

年画艺术作为中华民族传统艺术的重要组成部分和中国民间美术的重要门类，既是年节之际用来迎春、祈福的一种民俗艺术品，也是中国老百姓用来美化环境、反映社会生活、表达理想追求的一种最为普及的艺术样式。透过民间年画的图案纹样和装饰现象，人们可以领略到某个地区、某个时期、某种文化的具体表现。中国民间年画题材内容极为丰富，犹如一幅社会生活的历史长卷，不仅照出各地人民群众劳动和生活的方方面面，也以其独特的造型艺术语言反映了他们的情感生活与生命追求。

朱仙镇木版年画可谓中国木版年画的鼻祖，天津杨柳青、苏州桃花坞、山东潍坊等地的年画都曾受其影响，从题材选择到制作工艺都可以找到它的影子。朱仙镇木版年画用色讲究，其颜料用天然矿物和植物调制而成，久不褪色、对比强烈、概括性强是其最突出特征。千百年来仍保留传统技法构图、制图，刻版主要分为阴刻、阳刻两种中国传统的雕版制法，有黑白画和套色画两种形式，采用的是手工套印。年画类型有文武门神、神像图、戏曲故事、英雄人物和挂笺等。其画面风格有主有次，情景人物安排巧妙。

朱仙镇木版年画原称"门神"或"码子"，外地商人称之为"花货"。作为中国木版年画的源头，朱仙镇木版年画根源于汉唐壁画艺术，由使用"桃符"的习俗演变而来，始于唐，兴于宋，鼎盛于明清，绵延至今已有一千三百余年。2006年，朱仙镇木版年画被列入首批国家级非物质文化遗产名录。2014年，朱仙镇因木版年画被命名为"中国民间文化艺术之乡"。

朱仙镇在宋代是一个名镇。当时金兵南下，北宋国都东京（今河南开封）沦陷，一些年画作坊就转移到距离开封四十五千米外的朱仙镇。朱仙镇经济比较发达，水路四通八达，因此就成了当时的重要商埠。

今开封城墙大梁门上张挂着秦琼、尉迟恭门神画

各种历史条件促成了北宋木版年画的兴起。造纸术发明于西汉时期，当时多为麻纸。到了宋代，由于造纸技术提高，纸张进入平常百姓之家。宋代逐渐形成以佛、儒、道和民间传说为主题的崇拜之风，加之木版印刷技术提高，民间灶马（民间年画，由灶马头和灶王神像两部分组成）、门神的印制开始流行。此外，节日民俗成为维系人们虔诚信仰的一条纽带，《刘海戏金蟾》《饰金门神》《天将门神》是当时流行的品种，南宋时期《东方朔盗桃图》经黄麻纸印成淡墨和浅绿色的套版，风靡一时。当时的民间木版年画作坊和木版画形式比宫廷画更为繁荣，吴自牧的《梦粱

录》里记载,汴京岁末,"纸马铺印钟馗、财马、回鹿马等",由此可见一斑。北宋乾德三年(965)十一月太祖遣兵五万伐蜀,蜀王孟昶上书请降。宋太祖爱惜孟昶的才华,将他流放朱仙镇。除夕之时,孟昶见家家皆印卖门神,便乘兴写下"新年纳余庆,嘉节号长春",门神从此配上了春联,在年画形式的美观上增添了一份新彩,因其装饰的对称性和寓意的叠加,也促进了年画的发展。

到了元代,由于少数民族入主中原,汉文化相对受到限制,木版年画发展一度受到影响,生产规模缩小,但工艺仍在发展。特别是活字印刷术的发明带来了伟大的技术变革。北宋庆历年间毕昇发明了泥活字,元代王祯成功创制木活字,活字印刷术的革新提高了印刷的质量和速度,图文并茂的连环画出现了。同时,元杂剧为年画创作提供了广阔的空间和丰富的题材。元代疆域辽阔,少数民族岁末进贡、朝拜,画师们也歌功颂德地创作了《万国来朝》《八方进宝》等年画。

明代农业、手工业、商业发达,当时开封是世界大都市,过年的习俗比较稳定,每年腊月二十三,城中的豪门富户都要祭灶,灶王画非常畅销,富贵人家要派人到街上请购。朱仙镇人看到了商机,制作了专供京城大户人家使用的"大京灶",销量颇高。明代开封城修葺一新,疏通了贯穿朱仙镇的贾鲁河,使朱仙镇获得了明显的交通优势,成为连接南北的水陆码头。航运之便促进了商业发展,也为朱仙镇木版年画的兴盛和传播提供了有利条件。当时朱仙镇的年画发展达到鼎盛,镇上有三百多家画店,成为华中地区的年画中心之一。

清末,随着朱仙镇商业逐渐衰败,年画行业日趋萧条。近代在民族苦难境遇和社会动荡的形势下,老百姓逃避战乱、饥荒,在困顿与惆怅中煎熬度日,了无过年的喜悦,多不会去贴年画了。清光绪三十二年(1906)全镇年画商号仅剩七十余家。这期间黄河多次泛滥,淤塞了朱仙镇的交通命脉贾鲁河,也吞噬了朱仙镇昔日的繁荣。

到了1949年,朱仙镇木版年画作坊还剩二十三家。其中老字号作坊"晋泰永"已在此经营长达三百年。其他大小作坊散布于赵庄、腰铺、小尹口等村庄。1949年后,随着印刷技术的发展,一些年画改为胶印。另外,随着人们生活方式的改变,年画的传统题材也不适应时代要求了,年画逐渐衰落,在很长的时间里淡出了人们的生活,以至于年轻人对年画感到陌生。

贴年画的讲究

家门上的传统门神画

朱仙镇木版年画的特点之一是题材和内容都很丰富。

门神也好,钟馗也好,这类题材的年画作为辟邪之物,贴在门上或房屋里比较高的地方,起到镇宅作用。老话说:"文武有道,老少有别。门神万种,位置一个。"意即门神分文武门神,各守其路:武门神用于驱除邪恶、镇守门庭;文门神用于祈福求财、招祥纳吉。一座院落中有头门、院门、老人房、书房等,具体张贴的门神规格大小和内容题材是不一样的。门神的规格尺寸与题材内容有一定的关联,二者也决定着门神的张贴位置。朱仙镇木版年画在长期的发展过程中形成了按印刷纸张规格分类的方法,印刷的纸张规格一度成为年画品种的代称,从大到小,主要包括大毛、二毛、中台、二边、连头等。门神类的印刷规格以大毛、二毛、中台为主,神像家堂类的印刷规格主要为大毛、二毛,戏曲故事类的印刷规格则主要为中台、二边、扯手。

按照规矩,头道大门即临街的大门贴大毛规格的门神画(大毛,整开毛边纸的大小,尺寸为63厘米长、45厘米宽)。大毛规格的年画品种不是太多,通常有"三文"和"三武"。"三文"是《加官进禄》《福禄寿》《五子登科》,"三武"是《岐山脚》《马上鞭》《竖刀》。这类年画线条流畅,印刷精良,艺术品相极高,为朱仙镇木版年画之上品。在大门上张贴大毛类门神画,有驱鬼辟邪、护佑平安、家业兴旺的寓意。

郭泰运作品《岐山脚》

二毛规格的门神画(二毛,一张毛边纸开成三幅,尺寸为36厘米长、25厘米宽)主要张贴在各个内院门和堂屋门上,起到保佑家宅福星高照、禄位高升、人丁兴旺、平安吉祥。二毛规格的门神画除重复大毛规格的画样以外,还有戏曲故事、神话故事、民间故事等题材,如《赵云救主》《九莲灯》《黑虎滩》等。

郭泰运作品《马上鞭》

  中台规格的门神画(中台,比二毛小,用纸张的中间印制,尺寸为29厘米长、22厘米宽)根据内容张贴在不同的配房门上,体现吉祥如意、健康长寿的年画张贴在老人的房门上,如《三娘教子》《连生贵子》等;祈求大富大贵、官运亨通的年画张贴在男青年或者中年人的房门上,如《加官晋禄》等;祝愿美丽贤惠、善良温婉的年画张贴在女孩子的房门上,如《抱瓶》等;儿童居室的房门上则张贴《五子夺魁》等年画。

  二边和连头是规格最小的单张门画(尺寸为24厘米长、18厘米宽),一般张贴在单扇门,比如厨房门等不太重要的门上。连头贴在断间门(即套间门)上。二边在印刷的时候是两张连在一起,售卖和使用时需扯开单张,连头多成对张贴。二边和连头规格的门神内容更加丰富,包括戏曲故事、神话传说、历史演义和民间生活等。

  中国民间常挂钟馗神像,人们认为能起到辟邪除灾的作用,朱仙镇木版年画钟馗题材有两种样式:一是《馗头》,二是《镇宅钟馗》。《馗头》幅面不大,钟馗只有头,没有身子,怒目圆睁,威严可惧,画面中多配有蝙蝠,"蝠"与"福"字同音,寓意"幸福来临"。《馗头》一般张贴在大门后迎面的墙壁正面或侧面,与门神——特别是秦琼和尉迟恭两位武门神——对照着,共保平安。《镇宅钟馗》中钟馗拿剑端坐,佩戴进士巾,身着绿袍系带,用来震慑鬼魅,镇守家宅,故也叫辟邪门神,通常运气不好的人家常将其张贴在后门上,祈求来年时来运转,消除灾难。

还有一种魏征题材的年画,贴在后门上。魏征是个文臣,为什么能成为门神呢?传说长安城外泾河龙王私自改了降雨的时辰,触犯了天条,泾河龙王向唐太宗求助,唐太宗允诺相救。可魏征刚正不阿,趁与太宗下棋时假装睡着,元神出窍斩杀了泾河龙王。泾河龙王的魂魄因前门有秦琼和尉迟恭的画像守护,便从后门进入,夜夜来找唐太宗寻仇。太宗便命人将魏征手持斩龙剑的画像贴在后门,于是文臣魏征就成了后门神。百姓得知后也纷纷效仿唐太宗,后门贴魏征门神逐渐成为家家户户春节的习俗。

《天地全神》是朱仙镇木版年画中神像数量最多的一种,通常张贴在正屋外的神龛中,年节时烧香供奉。依据画幅规格和神像数量,有大全神和小全神之分。小全神包括玉皇大帝、关公、城隍爷、土地公、财神、龙王和药王等。大全神有释迦牟尼佛、弥勒佛、观音菩萨和道教的三清、雷公、真武帝君和文昌君等诸多神祇,还包括小全神中的众神。由于这些神灵符合民众追求风调雨顺、五谷丰登、升官发财和人丁兴旺的愿望,于是民间艺人就把这天上、人间、地下的各路神仙,中国的神甚至外国的神,以平行构图的形式全部绘于同一画面,中间写上"天地三界"或者"天地三界十方万灵"字样。人们在过年的时候张贴此类题材的年画祭拜,希望得到众神保佑,实现内心的期盼。

《家堂神》是敬奉列祖列宗的,也称祖宗图,在春节到来之际,悬挂于主房的侧墙或配房正对门口的墙上,族人进行祭拜,希望祖先庇佑子孙幸福安康。轴画上方画有长方形的空格,轴画下方画有升平图像,如天官、摇钱树、聚宝盆等吉祥图案。

《灶君》是家中供奉灶神所用,一般张贴在厨房灶台处。祭灶习俗历史久远,宋代在东京特别盛行,称为"交年"。每年腊月二十三的晚上,祭灶之时,家家户户用蜜糖果品供奉,希望灶君(灶爷)上天只言好事,然后将旧的《灶君》撕下焚烧,以示恭送灶君升天;大年三十晚上,张贴上新的《灶君》,奉上供品,恭迎灶君下界保平安。过去吃年夜饭之前,还要祷念"让灶爷灶奶先吃"这样的话。

现代人根据自己的审美和喜好来选择年画,但张贴的规矩还是要遵守的。过去没有人会把《麒麟送子》张贴到未出嫁女儿的房门上。《财神》一般张贴在门后,这叫守财。也有把《财神》贴在大门外,那叫露富。有钱的人家讲究聚宝,是不会把《财神》贴在门外的。《车旗》画面中有马车满载元宝,并有神祇护卫,俗称"车马神",是张贴在(木、牛、马)车上祈求一路平安的。《场神》是张贴在粮食囤、石磙或者农具上,护佑五谷丰登的。《牛马王》又称"圈神",是贴在牲口棚、牛马屋或者猪羊圈上的,以求圈神驱除瘟疫,保佑六畜兴旺。

郭泰运作品《福禄寿》

另外，还有很多戏曲题材的年画。戏曲与民间美术有密切的关系，相互影响、共同发展，都来自民间并受民众喜爱。年画行业有一句俗语——"画中要有戏，百看才不腻"，戏曲题材的朱仙镇木版年画非常多，影响也非常大。

郭泰运作品《五子登科》

年画本身既是民俗文化的一种表现，也参与许多民俗活动，比如祭祀、庆寿、结婚等。在这些活动中，年画因时、因地、因事而发挥了很大的作用。

没有民俗可能也就没有年画了，年画是民俗活动的一种载体，想要真正理解年画，就要对民俗文化有着深入的了解。过去贴门神也好、贴钟馗也好，实际都是要抵抗邪恶，这是人们的一种精神追求，也是生活艺术化的表现，不宜概归为封建迷信。

朱仙镇木版年画的特点

鲁迅曾对朱仙镇木版年画这样评价道:"雕刻的线条粗健有力,和其他地方不同,不是细巧雕琢。而且这些木刻很朴实,不涂脂粉,人物也没有媚态,颜色很浓重,有乡土味,具有北方木版年画的独有特色。"造型古拙、线条粗健有力、构图饱满对称、色彩艳丽丰富,是朱仙镇木版年画艺术的精髓,是宋文化遗留下来的因子,是群体审美情趣和集体智慧的结晶。

与杨柳青木版年画相比,朱仙镇木版年画像是粗犷豪放的北方汉子,杨柳青木版年画则如华丽精致的江南女子。朱仙镇木版年画既有线版还有色版,一般需要三四个版,经过套印,才能呈现年画的整体效果。

朱仙镇木版年画的重要特点是线条挺拔、有力度。线条在朱仙镇木版年画中不仅用来勾勒轮廓,还影响着年画的整体造型,通过填充颜色,与色调、色相、色度、色彩共同形成年画的整体效果。

朱仙镇木版年画还讲求构图对称饱满,画面严密紧凑、上空下实,人物形象充满整个画面。画中人物四周的空白处,装饰上牡丹、蝙蝠、瓶、玉叶等吉祥图饰,与主体人物相映成趣。

朱仙镇木版年画的人物造型夸张传神、性格鲜明、讲求神似。遵循古人造型的原则,朱仙镇木版年画里的门神表情威严、体格健壮、动作舒展大气。同时,以略带夸张的比例强调主体部分,其人物造型与真实的人体比例有较大差异,特别是门神的面部刻画,呈现出人大马小、头大身小和主大仆小的造型特色。这种夸张的造型手法,融入了一种诙谐的调子,使门神的形象变得稚拙可爱。朱仙镇木版年画人物的眉毛劲道有力,眉毛前端较细,中间略粗,后面越来越细,眉尾延长到耳朵附近,形成一条弧线,仿佛一钩弯月。人物的眼睛有时如同一把厚重锋利的大刀,有时又如同一条灵动有神的小鱼,眼睛常为双眼皮,形状圆中带方,黑眼珠炯炯有神,人物以白底为脸,眼角上翘,眼睑处印一弯金色或橙色,同时夸大眉眼比例,显出中原地区古朴大气、粗犷张扬之风。

朱仙镇木版年画各色印版

朱仙镇木版年画色彩丰富饱满、色泽明亮纯正。其颜料的炮制和调配很讲究,多用自制的矿物、植物颜料,甚至中药材,如松烟、广丹、槐米、铜绿、葵子、金箔等材料制作,采用翻炒、熬制、过滤等多道传统工艺精心配制。这样配制出来的颜料有色泽饱满、不易褪色的特点。朱仙镇木版年画最常使用的五色,分别寓意中国传统文化中的五行:金、木、水、火、土。朱仙镇木版年画五种颜色的搭配,对比强烈但又和谐统一,与民间过年的欢乐愉悦氛围协调一致。

从学徒到传承人:郭泰运的年画人生

郭泰运是国家级非物质文化遗产代表性项目朱仙镇木版年画国家级代表性传承人,生于1926年,十三岁在"云记"画店当学徒,三年后出师,自己开了一家字号为"泰盛"的画店。他长期从事木版年画工作,为朱仙镇木版年画的传承和发展做出

郭泰运在印制年画

了巨大贡献。他曾赴美国访问,演示年画制作,还有很多作品被中国美术馆和首都博物馆收藏。

过去当学徒是一件很苦的事。十三四岁的孩子拜师当学徒,还没开始学艺,就要承担师父家里一些家务活儿,比如哄孩子、斟茶、倒尿盆等。有的学徒比较聪明,知道自己是来学艺的,学好艺将来才能安身立命,因此就偷偷地学,偷偷地观察师父怎么做,总之想尽办法要把技艺全部学到手。说是偷学,其实师父也是知道的。有时师父喊学徒三声,他都听不到,那就是他走神了,走神就是在看师父怎么做活儿。因此,学徒既要主动学习技艺,又要经过社会磨炼,长大成人后才能顶门立户。学徒在师父家里的磨炼,也是学徒成长的重要过程,学习怎么在社会上立足、怎么跟别人打交道,磨炼意志、增强韧性。

郭泰运当学徒的时候很能吃苦,做事求精,不计付出,因此在学徒中技艺掌握得最好。印制年画的速度怎么提高?印画对版怎么能对得更准确?废品怎么减少?郭泰运经常琢磨这些事。

年画通常都是在春节期间销售,学徒虽然只是十几岁的孩子,也要加班加点制作。学徒可以出师了,有的还要给师父再干三年活儿,然后才能正式出师。郭泰运出师后没有继续留在师父家里,而是自己开了一家店,但不是"前店后厂"那种,没有店面,是"背作",就是背着印好的年画走街串巷去卖。年画销售季节性很强,一般都是在春节前张贴,因此从冬至到腊月,很多画商都跑到朱仙镇买画。这样一来,朱仙镇的生产压力就增加不少,需要加班加点制作。

朱仙镇木版年画有很多工序:勾线、画稿、刻版、印刷。刻版是其中尤为重要的一道工序。郭泰运很想掌握这门技艺,这样他在开店做生意时,就可以做一个多面手:既能画、又能刻、还能印,不受制于人,能按照自己的认知和理解再创作。勤奋的郭泰运自学了刻版技术,他的小店做了很多活儿,销售对象主要是那些劳苦大众。

如今郭泰运已经九十多岁了,但是制作年画依旧又快又准,动作如行云流水。所谓"拳不离手,曲不离口",郭泰运八十多年来坚持制作年画、坚持带徒弟、坚守年画行业,始终在琢磨如何提高制作效率,因为他太热爱年画事业了,年画已经成为他生活的重要内容。

郭泰运雕刻印版

郭泰运和徒弟在调制颜料

  朱仙镇木版年画近一个世纪的浮沉兴衰，郭泰运老先生是见证者。如果说门神守护了我们的生活，那么郭泰运就是这些门神的守护者。郭泰运每天洗澡，舒筋活血，促进新陈代谢，饮食也比较自律。每天八点出门坐公交车到开封博物馆工作，教徒弟，接待参观的人，做好传承工作。他按自己的时间节奏生活，不被外界打扰，这是非常难得的性格。作为朱仙镇木版年画的国家级代表性传承人，郭泰运责无旁贷地承担起了培养传承人的任务。他现在只有一个心愿：让朱仙镇木版年画原原本本、实实在在、认认真真地传承下去。地方政府也给他创造了很好的条件。

  朱仙镇木版年画已经融入郭泰运的生命，这就是工匠精神：一辈子做一件事，做得精益求精。在某种意义上，工匠精神就是一种民族精神，值得弘扬、学习。郭泰运作为国家级代表性传承人，默默无闻地坚持下来，应该得到社会的尊重。

第十四讲 郭泰运与朱仙镇木版年画

古版古印

在朱仙镇木版年画的发展历史上,胶印的红底年画曾经一度盛行。1983年起,郭泰运担任开封市朱仙镇木版年画社古版研究室主任,开始着手收集朱仙镇存留的古版,包括线版和彩色版,也收集民间年画,推动朱仙镇木版年画的保护传承。

从研究角度看,古版古印具有重要价值。所谓古版古印,就是用过去的版和过去的纸,在过去印的,老版、老纸、老印。郭泰运收集的古版非常珍贵,因为每次印刷对版都有伤害,所以依照古版老画进行新刻、新印,即老版、新刻、新印,成为一种好的选择。它既能让我们看到历史的面目,也能最大程度减少对老版的伤害。老版、老纸、老印比较少,而老版、新刻、新印比较多。

郭泰运作品《福禄寿》线版(正)

郭泰运作品《马上鞭》橙色版(反)

中国的民间手艺有很多技艺性的内容,一直以来没有太多书籍去记录它们,基本还是依靠口传心授的方式传承。还有一种方式就是对以前作品的回顾,比如对古版的研究,有心人能从中发现老技艺和其中蕴含的文化,然后将其运用到新的年画创作中。不仅是朱仙镇木版年画,现在全国各地年画的传承基本都靠"物传"。物,就是老版、老画,让人们看到过去年画的面貌,现在将它恢复、传承。

跟现在的年画相比,那些老年画确实更有味道,因为它在群众中生存、在群众中发展,是为群众生活服务的。老百姓接受它,它也了解老百姓的审美习惯,所以老年画值得研究、值得保护。

在历史的时光中,年画是一种生活艺术表现形式,传承到现在,还有些人家对它是有感情的,过年的时候贴在墙上,但更多的是把它当成收藏品,或者放在镜框里,作为精美的装饰品欣赏。

毕竟年画脱离生活的时间太长了,有几十年了,但是在人们心中,年画还承载着过去的记忆。怎么把这种记忆重新变成现实?怎么让这种传统艺术表现形式重新回到人们生活中?社会各界都在想办法,都在做保护和传承的工作,尤其是2019年底和2020年春节,全国各地举办了一些年画研讨活动、年画展览活动。目前看来,传统年画的保护需要进一步开拓思路,紧跟时代走向,利用新的技术和传播方式,比如网络专题营销、新媒体互动体验、融媒体推广等,来扩大传统年画的文化影响力,提高其知名度,为传统年画的传承发展贡献力量。

公开课主讲人孙建君与主持人宋本蓉合影

(整理者:孙建君)

第十五讲

杨柳青木版年画

孙建君 主讲

天津杨柳青木版年画发源于千年古镇杨柳青。明永乐年间,随着京杭大运河的重新贯通及天津漕运的兴起,杨柳青成为南北商品交易的重要集散地,经济日益繁荣,周边地区的木版年画艺人先后迁居杨柳青镇发展业务。杨柳青镇外盛产的杜梨木非常适宜雕版,有了这种可用的工艺材料,杨柳青木版年画随即兴起。清乾隆、嘉庆年间,是杨柳青木版年画的兴盛时期,出现了全镇及周边村庄"家家会点染,户户善丹青"的盛况。杨柳青木版年画除供应当地所需外,还远销到新疆、内蒙古、东北等地。抗日战争时期由于战乱,杨柳青木版年画生产日益萧条,损失惨重。1949年后,经人民政府抢救、保护与发掘,杨柳青木版年画才得以恢复。

杨柳青木版年画题材广泛,多为历史故事、戏曲话本、民间传说及仕女、娃娃等吉

清代杨柳青木版年画《红楼梦》

祥喜庆的内容,还有一些反映世俗生活的作品。它采用刻绘结合的手法,刻工精美,绘制细腻,人物生动,色彩典雅,为我国著名年画品种之一。它深深扎根于百姓生活,具有浓郁的乡土气息,经过数代民间艺人的长期实践,形成了自己独特的制作风格,在制作工序上分为勾描、刻版、套印、彩绘等工艺流程。

杨柳青木版年画的历史沿革

杨柳青木版年画起源于明代。明永乐年间,沟通中国南北水陆交通的京杭大运河重新贯通,天津漕运随之兴起(从南方运来纸张、颜料),加之镇外盛产的杜梨木非常适于雕刻,这就为年画作坊的兴起提供了充分的条件。明万历年间出现了套色木刻,艺人为了保持传统绘画风格,将人物的头脸、衣饰等重要部位,加之敷粉施金晕染。发展到后来,就形成了一种既有遒劲工丽的木刻韵味,又不失传统绘画风格的"杨柳青木版年画味"。美术史学家王树村在《中国民间年画史论集》中说道:"我国木版年画产地广布全国各省,形式上又都有各自的特色。其中历史悠久,产量、质量较高,而艺术性又具有典型意义的,当推杨柳青首屈一指了。"

清初,随着经济恢复和发展,年画作坊也逐渐扩大,题材较前更广泛,套版增至多色,年画艺术日益完善与提高。清乾隆、嘉庆年间,是杨柳青木版年画的全盛时期,戴氏第九代传人首创以自己的姓名立字号为"戴廉增画店",并在年画左下角加印"戴廉增"字样。继戴廉增画店之后,"齐健隆"是第二家较大规模的画店。这一时期相继出现了一百多家年画作坊,有十几家较大的作坊,每家都有五十多张画案,二百多名工人,每年一家至少能印两千多件活儿(每件合年画五百张),全镇年画从业人员多达三千余人。各家作坊由于产销两旺,又把加工手绘扩大到镇南炒米店、古佛寺等三十六个村,便有了"家家会点染,户户善丹青"的盛况,形成了以杨柳青镇为中心的画乡。此时年画作坊通街皆是,画牌相招,彩幌遥对,每到冬至前后,远近各地画商云集此地,直到腊月初,货色交齐,商旅车马才相继离开。由此可以想象出杨柳青的年画业在兴盛时期的繁荣景象。

　　清中叶,城市手工业和商业发达,年画画面渐趋繁盛热闹起来,人物增多,背景加重,色彩愈发柔丽妩媚;题材有历史小说、戏曲故事,还有反映当时出现的新事物等现实题材。杨柳青木版年画的制作采用木版套印与手工彩绘相结合的手法,区别于单纯的木版套印,在我国民间年画中独树一帜。杨柳青木版年画的空前繁荣影响了当时我国很多木版年画画种。它流入宫廷后声名更加远扬,年节时,各地都以贴杨柳青木版年画为贵。杨柳青木版年画的艺术风格日趋成熟,它融宫廷画、文人画、农民画和西方绘画于一体:构图丰满、形象生动、色彩鲜明、绘刻细致,既有变化又和谐典雅,富于装饰性;同时善用象征、寓意、夸张等手法表现不同题材的思想内容,有的还附有通俗的诗词和文字。杨柳青木版年画的著名画师中,有许多民间画师得以步入宫廷美术大门,他们的作品吸收了文人画的长处,还采用了西方美术的焦点透视法,并加入写生手法来刻画人物,这些艺术表现方式在民间年画中是绝无仅有的。

　　道光以后,清朝统治之势渐衰,内外兵事节生,杨柳青木版年画逐渐走向衰落,表现于作品,就是画工粗糙,构图简略。鸦片战争后,政治腐败,自然灾害频发,杨柳青木版年画艺术已呈风烛摇曳之势。至1949年前,镇上只余几家小作坊靠印卖门神、灶王等勉强度日。抗日战争时期,杨柳青的一些珍贵古版由于战乱被损毁,数量难计,不少画版散失海外(至今俄罗斯多家博物馆藏有杨柳青木版年画和画版),杨柳青木版年画濒临人亡艺绝之境。

　　1949年天津解放,这一古老的民间艺术遗产得到党和政府的关注。天津市文化局张映雪和马达、肖肃、戚单等同志到天津西郊杨柳青镇拜访了几位老艺人,看到了他们极其简陋的生活条件,画版到处乱扔、腐朽损坏,艺人失业,生活困苦。回来后即刻选派文化科的张老槐、王双等同志前往古镇调查,收集有关材料。1953年,几位老艺人成立了杨柳青年画生产互助组,恢复了年画生产。1956年,德裕公画庄、三立成画庄、联胜画店成立了公私合营图书总店。1957—1958年,三店合并为德裕公画庄。1958年，天津市政府批准成立了天津杨柳青画店（由天津德裕公画庄、天津荣宝斋、杨柳青年画工场合并而成，后更名为天津杨柳青画社），对杨柳青木版年画开展专项保护工作。1960年，中央对发展民间文化作出了重要指示。同年的正月初二，周恩来总理视察了杨柳青画店，了解民间艺术的现状，对艺人们的技艺给予了很高的评价。遵照中央指示，天津市文化局以张映雪等同志为领导的保护小组对杨柳青木版年画进行了抢救性的挖掘。国家从人力、财力、物力上给予了极大的支持和帮助，使其在我国民间艺术中最早获得实质性的保护和发展。

杨柳青木版年画的题材

杨柳青木版年画的内容广泛，涉及政治、经济、军事、宗教、哲学、地理学、社会学、民俗学、文学、艺术等诸多领域，可谓包罗万象，不啻为一部民间百科画典。它汲取民间文化的精华，尊崇传统的伦理道德，取材于世俗的社会生活，为社会各阶层所喜爱。杨柳青木版年画目前尚存的画样约有两千种。其中，有歌颂治世明君、报国忠臣、圣贤君子、清官良将等人物的事迹，也有鞭挞昏主丧国、奸臣弄权、恶吏贪赃的罪恶行径；有宣扬神话故事中善有善报、作恶天谴的因果报应思想，有展示贤母教子、孝女事亲、英雄救难、行侠仗义等场面，也有惟妙惟肖刻画各式各样的人物，诸如林泉高士、爱国仁人、良师学者、樵子渔翁、耕夫织女、琴棋书画之名家高手；有描绘名山胜景、时事新闻等题材，勾勒出了中华民族近千年来世俗民风之轮廓，如民俗生活之图像大全。它充分体现了年画艺术在美化和丰富人们的物质与精神文化生活、进行传统伦理与美德教育、普及历史文化知识等方面起到的潜移默化之功效。

归纳起来，杨柳青木版年画的题材大致可分为十一类：

1.历史典故类：如《完璧归赵》《六国封相》《孟母断机》《文王爱莲》《四艺雅聚》《十八魁》《文艳王奉命归故里》《赵云截江夺阿斗》等。

2.神话传说类:如《天仙配》《白蛇传》《天河配》《八仙过海》《果仙敬月》《花仙上寿图》《吹箫引凤》等。

3.戏剧诗书类:《昭君出塞》《百花赠剑》《文姬归汉》《藕香榭吃螃蟹》《史湘云偶填柳絮词》《西厢记》《金玉奴棒打薄情郎》《打金枝》《凤凰楼》《庆顶珠》《钟馗嫁妹》《贵妃醉酒》等。

4.世俗生活类:如《秋江晚渡》《庄家忙》《庆赏元宵》《摘葡萄》《八音图》《九九消寒图》《三年早知道》《十二时辰全图》等。

5.风景名胜类:如《新疆全图》《京西碧云寺》等。

6.时事新闻类:如《抢当铺》《董军门设计大破西兵》《太平军〈北伐图〉》《新刻天津紫竹林跑自行洋车》《女学堂演武》等。

清代杨柳青木版年画《朱洪武放牛》

清代杨柳青木版年画《山海关雪景》

清代杨柳青木版年画《女学堂演武》

7.仕女娃娃类:仕女类,如《渔妇》《沉鱼落雁,闭月羞花》《十美画八仙》《玉美人画风筝》《春游仕女图》;娃娃类,杨柳青木版年画中有百种之多,都是两幅一对(也可单用),装饰性强,各种图案运用恰到好处,构图饱满匀称,用手中所持器物或背景(如莲、蝠、鹿、桃、鱼、戟、磬等),取其谐音或象征意义,形成吉祥用语,如《连年有余》《莲生贵子》《福寿绵长》《加官进禄》《五子夺莲》等。

清代杨柳青木版年画《金鱼多子》

8.花鸟鱼虫类:如《英雄会》《四季花开》《鱼跃于渊》《猴拉马》《芦塘落雁》《博古花卉》《吉祥花瓶》《富贵花开》等。

9.吉语喜庆类:如《三阳开泰》《万国来朝》《天仙送子》《子孙万代》《福禄祥集》《天官赐福》《八仙庆寿》《共庆太平春》等。

10.猜谜图样类:如《文武财神一堂聚会》《摇钱树》《金钱世界图》等。

清代杨柳青木版年画《天仙赐贵子》　　　　清代杨柳青木版年画《麒麟送状元》

11.风筝纸类：如《木兰从军》《西游记》《鹰鸟》等。以套色印刷，专供糊制风筝艺匠使用，品种不多，只有少数年画作坊印制。

杨柳青木版年画的传承谱系

杨柳青木版年画创作重在起稿，其画法技艺以"画诀"的形式传承下来。在封建社会由于画师地位卑下，鲜少见于史载，故晚清以前的画师无据可查，目前口传下来的画师有：清光绪年间的王润柏、周子贞、戴立三、张祝三、张耀林、王本意、陈玉舫、赵景贵、韩祖樵、成三谢、王葆真、高桐轩、徐荣轩、阎玉桐、杨续、韩月波、王绍田、徐绍轩、徐恩汉、张白府、赵子杨、阎文华(阎美人)等。

杨柳青最著名的年画作坊为戴廉增画店和齐健隆画店。

戴氏先人擅画艺,明永乐年间从江南随船北上,定居杨柳青,经营年画。清乾隆中期,戴氏第九代传人戴廉增执掌画店,开始用自己的姓名为画店命名,并在所制作的年画左下角加印"戴廉增"名号,以为标志。乾隆后期,戴廉增画店在北京(绒线胡同)建立分店,嘉庆年间在东丰台(今天津市宁河区丰台镇)设立分店,光绪年间在呼和浩特设立分店。

嘉庆年间,戴氏家族画业过于庞大,遂分居析产,画店分立为美丽、廉增利、戴廉增老店等九处,以老店规模最大。戴廉增画店最兴盛时期,有家传从艺者近百人,兼雇工二百余人,聘请名画师专事创作画稿。其中常驻画店的画师就有百人以上。画样、出稿、雕版、印刷、彩绘、装裱及管理人员形成流水生产线。他们除了精品(即年画细活)自行绘制外,将大量粗活手绘工序分流到杨柳青镇南三十六村加工户加工。戴氏画店每年生产年画约两千件,产品销售覆盖"三北"地区。

抗日战争时期,戴氏家族年画店相继倒闭。

新中国成立后,在党和政府的支持下,文化工作人员及年画艺人们收集整理了大量的年画资料,其中有一部分戴廉增画店的年画被成功复制。戴廉增画店创作的年画很早以前就被俄国、德国、法国、美国、奥地利等国大量收藏,在我国台湾地区也有丰富的藏品。存世佳作有《虹霓关》《大观园图》《一百单八将》《二十四孝》《万寿无疆》《自强传学堂图》《推灯纪念》等。戴廉增画店第十九代传人戴敬勋及其子女在杨柳青镇经营小型作坊。

齐氏家族明中叶从山东迁移至杨柳青西桑园,清康熙六年(1667)举家移居杨柳青镇内河沿大街,与戴廉增画店毗邻,后以"齐健隆"之名建画店。

嘉庆末年,齐氏家族析产分立"惠隆""健惠隆""健隆新记画店",并先后在北京前门外、东丰台建分号,又在沈阳设分庄制作、销售年画,产品覆盖东三省及京畿广大农村。

齐健隆画店最兴盛时,整条健隆胡同皆为其作坊,有画师、雇工二百五十余人,各种工序配套齐全,以流水线方式生产,年画品种丰富多彩,其彩绘工序大部分也被分到杨柳青镇南三十六村加工户加工。

光绪末年,由于社会秩序混乱,年画市场萎缩,齐氏后代弃画,投身科技教育事业,并逐渐移居天津市区,画店倒闭消失,但仍有许多作品流落民间。较为著名的是《太白醉酒》(康熙)、《辛安驿》(乾隆)、《女子爱国》等。齐健隆家族无后人从事年画业。

清初至民初,杨柳青镇其他著名画店还有:戴廉增敬记、戴廉增公记、健隆新记、美丽、廉增利、惠隆、健惠隆、隆盛、享通、积玉厚、锦玉成、颜庆和、义成永、万盛恒、艺博林、忠兴、杨正记、增华斋、福成、三益斋、义和东、双义厚、振记、德记、和贸怡、玉盛、庆德厚、张义源、华茂、宪章、松竹斋、爱竹斋、吉玉厚、荣昌、义益、福庆隆、忠义厚、李盛义、义盛合、义盛永、新记、德盛恒、永增利等。

清末至民国,杨柳青镇南著名画店还有:德盛祥、德义祥、大吉祥、义盛发、义顺发、永和德、增兴、成庆永、万泰长、永和号、恒元盛、盛恒、万顺恒、祥和顺、宝和顺、万兴隆、惠博生、华兴隆、万寿长、永庆和、纯义永、福兴隆、永兴、元和、和平顺等。

杨柳青人在外地还开设了众多画店,如在济南、寒亭、潍县、平度等地开设了永兴、公兴义、恒盛福记、北天增徐家、复兴荣记、新城顺、祥顺、兴顺城、合兴、恒义公、通兴、福兴隆画店;在武强、东丰台、北京等地开设了德胜祥、万历和、乾兴、存义厚、庆顺成、杨正记画店;在新疆、内蒙古等地开设了经昌美书店、务本堂字画店等。

1949年后,天津杨柳青画社大力吸纳杨柳青镇及周边乡村技艺精湛、硕果仅存的传承人,完整地继承了杨柳青木版年画勾、刻、印、绘的传统工艺,并先后培养了近二百名高素质的专业艺术工人和创作人员,使其独特的风格得到传承与发展。目前,天津杨柳青画社在市内经营有三个门市部。在杨柳青镇经营年画作坊较大的有十几家:画社门市部、玉成号、古柳祥、年画张、富贵画庄、随缘画店、荣福画庄、古柳村画庄、古柳画廊、汇文斋、雅俗轩、敬记老画店、文盛阁、贵雅轩。

目前,杨柳青木版年画的代表性传承人有:

王文达:男,汉族,1944年生,天津人,首批国家级非物质文化遗产代表性项目杨柳青木版年画代表性传承人。王文达1960年考入杨柳青画店年画训练班。天津杨柳青画社成立后,他师从技艺精湛的刻版师肖福荣、李长江先生。王文达凭借自己的努力,在同期学员中以传承完整、兼容并蓄、创作与技艺俱佳,脱颖而出。为了提高自己的专业水平,他于1962—1966年期间,在天津新华夜大美术专业学习;1990年,在天津美术学院补习班学习一年。他始终坚持学习各工种所长,融合、提炼,达到出神入化的境界,为还原杨柳青木版年画和木版水印画做出了突出贡献。他始终工作在一线,制作了大量的年画艺术作品,承担了许多难度极高的版刻珍品的雕刻工作。他的技艺得到业界的高度认可,曾为山东潍坊杨家埠年画社和安徽宣纸厂培养了多名刻版工人。

冯庆钜:男,汉族,1944年生,天津人,首批国家级非物质文化遗产代表性项目杨柳青木版年画代表性传承人。2005年被聘任为中国艺术研究院民间艺术创作研究员。冯庆钜1960年考入天津杨柳青画店后,师从张兴泽、潘忠义,前者以粗活见长,后者擅画细活。冯庆钜将两位师父的风格有机融合,很好地传承和诠释了将农民画、文人画、西方绘画合为一体的杨柳青木版年画。他在色彩运用上也进行了积极的探索,如水笔晕染法、粉脸渲染法、醒粉法等,充分体现了杨柳青木版年画堆金沥粉的艺术魅力。他的作品寓意吉祥,雅俗共赏。冯庆钜在天津杨柳青画社从事彩绘绘制、创作、授艺至今,积极探索多种年画绘制工艺手法。他打破秘诀不外传的旧习,从制作画门子、矾墙、颜料配制到彩绘艺术,均毫无保留地传授给年轻的年画工作者,将完整、正规的年画制作工艺传承至今。

冯庆钜作品《瑞雪丰年》

霍庆有：男，汉族，1952年生，天津人，首批国家级非物质文化遗产代表性项目杨柳青木版年画代表性传承人。霍庆有为霍氏杨柳青木版年画第六代传人，从小受家庭环境的熏陶，酷爱年画艺术。他六岁开始随父亲霍玉堂学习彩绘，十岁学习勾描、印刷，十二岁学习刻版，十六岁学习裱画。自20世纪80年代开始，霍庆有便与父亲一起挖掘整理杨柳青木版年画，寻找到百余种有价值的版样和老画，填补了杨柳青木版年画佛学类作品的空白。1993年，霍氏全家恢复玉成号画庄。他是杨柳青木版年画业内为数不多的集勾、刻、印、绘、裱技艺于一身的艺人，尤其擅长出样稿、刻版，其刻制的木版，线条流畅、细腻、清晰、稳健，很好地传承了杨柳青木版年画的刻版技法。近年来，为了宣传、弘扬杨柳青木版年画，他又将自己的住宅扩建为家庭作坊式年画展馆，这在天津市尚属首创。其代表作品有《五子夺莲》《竹林七贤》等。

霍庆顺：男，汉族，1952年生，天津人，首批国家级非物质文化遗产代表性项目杨柳青木版年画代表性传承人。霍庆顺为霍氏杨柳青木版年画第六代传人，与霍庆有是同胞兄弟，从小受家庭环境的熏陶，酷爱年画艺术。1956年起跟父辈及姐姐学习彩绘，逐渐深入到刻版及装裱技术。霍庆顺始终坚持采用木版套印和手工彩绘相结合的传统工艺制作年画。他不断挖掘、整理杨柳青木版年画资源，尤其擅长手工彩绘，善于处理繁简、大小、色相、色度之间的强弱对比。他积累了丰富的年画绘制技巧，其制作的年画刻工精美、手法细腻、色彩鲜明、形象生动。其作品受到国内外各界人士的好评，2003年，他参加了中国国家博物馆举办的"中国人过大年"活动，作品《五子夺莲》《连年有余》被该馆收藏。他曾随中国科技馆知识摇篮展团远赴瑞士，现场表演杨柳青木版年画绘制。

杨柳青木版年画的基本特征

杨柳青木版年画在造型方式和工艺特点上继承了我国工笔重彩人物画和民间版画的特点，融绘画与刻印于一体，在形象构图、刻绘手段、色彩运用上独具一格。从绘画传统角度看，它上承古人"指鉴贤愚，发明治乱"的图画要旨，下传"六法"和线描人物画的技艺，是我国民族绘画传统的正宗；从创作角度看，它秉承了现实主义和浪漫主义完美统一的艺术形式，造就了年画题材的广泛性和理想化。

它经历了前朝后代、民间宫廷之间的文化交汇，不仅描绘了农耕社会的真实生活和精神追求，同时成为广大民众不可缺少的节令艺术品。杨柳青木版年画经过近六百年的发展、演变，形成了它的基本特征：

工艺的独特性。它的勾、刻、印、绘工艺传承了我国古老的雕版印刷术，套印和手工彩绘相结合的制作工艺是区别于其他年画工艺的主要特征。

题材的广泛性。杨柳青木版年画名目浩繁，约四千种（尚存花样就有两千种），内容涉及政治、军事、宗教、历史、文学等诸多领域。

作品的装饰性。杨柳青木版年画构图饱满、匀称，形象生动，喜庆吉祥。

生活的实用性。杨柳青木版年画根植于社会生活，它的产生和发展一直遵循"以人为本"的导向，实用价值突出。

艺术的观赏性。画面色彩鲜明、细腻润泽，富于变化，典雅和谐，雅俗共赏。其"细活"，人物形象秀美，衣饰富有质感，敷色常加粉或描金，色调绚丽典雅，尤其是人物开脸，需要手工晕染十多个层次，宛如一幅工笔人物画，融入了宫廷画及文人画的风格，故有"北宗画传杨柳青"之说。

技艺的包容性。杨柳青木版年画在发展过程中，受宋元民间版画、院画和明代木刻版画的影响，写实性很强。它吸收宫廷绘画的特点，形成了"金碧细活"；吸收北宋以来人物画的风格，赋予造型民俗意味，形成了"二细子活"；吸收农耕社会民众的审美认识，形成了"写意粗活"，造就了我国美术艺苑中特有的"杨柳青年画风格"。

技法的创新性。杨柳青木版年画在色彩运用上以北宋以来的宫廷绘画为摹本，在人物工笔重彩上进行创新，形成了色彩的软硬关系运用、水笔晕染法、粉脸渲染法、醒粉法等多种年画绘制技法。

制作技术与方法

杨柳青木版年画继承了宋元时期绘画传统与明代木刻版画的工艺，制作方法为"半印半画"，即木版套印和手工彩绘相结合。这种方法将版画的刀法版味与绘画的笔触色调巧妙地融为一体，画作刻工精湛，绘制细腻。经过民间艺人的长期实践，形成了自己独特的制作风格，在制作工序上分为勾描、刻版、套印、彩绘、装裱。

勾描

勾描包括构思、起草、修改、定稿，这一步可以说是新品的创作阶段，相当于产品研发。勾指的是勾描画稿。一幅画稿定稿后，画师要按照定稿画出墨线。墨线图犹如一幅木刻，人物、背景、陈设等一目了然。这一步骤的关键是构思。年画的创作讲究"画中要有戏,百看才不腻""人品要俊秀,能得人欢喜"。在情节选择和构图处理上,都要经过周密的安排。民众的愿望和审美习惯对题材内容的选择和处理起决定性作用。在起稿前,作者需要周密地考虑画中人物的主宾关系、场景的处理、整个画面的气氛等。尤其在场面选择上,作者必须十分熟悉要表现的内容,截取其最具典型性的场面,集中、概括地表现故事的主要内容及其前因后果。

刻版

刻版指年画制版,也称作"雕版",包括拓印和雕刻,拓印是为雕刻做准备。拓印——把用棉连纸画好的"墨线",反贴在事先准备好的平整的木板上(木板以杜梨木为最佳,因其适宜雕刻,厚度大约为一寸),用毛刷在纸背上打、压,让纸和板紧密粘连,干透以后用木贼草将上层纸膜擦去,便可以清楚地看到附着在板子上的画稿,这"墨线"就是将来手绘的依据。如果有不清晰的地方,可以用墨重新勾勒,并在墨迹全干后在板子上薄薄地涂一层淡蓝或浅绿颜料,以便露出雕刻刀痕。先雕线,再刻外线,从细部入手,下刀前深思熟虑,下刀后一气呵成。除刻线版外,每幅年画还要刻三至五个套色版。

套印

套印包括单印墨线和套色印刷,在刻版完成后,日常的操作一般是从套印开始的。单印墨线是印整幅年画的一个轮廓,印墨线时纸和板都要固定在画案上,画纸与画板中间留一空隙,先在木板上刷墨,把纸卡在距离适当的位置,每翻一张,再用净刷在纸上匀称地敷平,然后再翻纸将印好的画纸漏进空隙,如此往复运作,叫"刷坯子"。印好画面的白纸叫"画坯子"。套色印刷是指有些年画会局部印一些颜色,但是杨柳青木版年画套色是比较少的,一幅年画一般套印三至五种颜色,其余就是彩绘完成,所以杨柳青木版年画的一大特色就是套印与彩绘相结合。在固定的印刷案子上把纸的一端压住,按定位标记把版固定好,先刷主版(墨线),

然后再对正标记依次印浅色版到深色版,根据画面需要,套印不同的颜色,印完一色,再印一色。

彩绘

彩绘是指人工手绘。这是非常重要的步骤,因为它可以将前三步中的不足之处加以完善,也突出了杨柳青木版年画套印与彩绘相结合的特点。艺人把"画坯子"裱在"画门子"上,画幅一般为"横卧式",如同画面上的人物全都"躺"着。几百年来,杨柳青木版年画的品种、质量都在不断地完善改进,但是其内在传承的东西是没有变的,例如"躺"着画以及"画门子"的制作,这些技艺一直沿用至今。

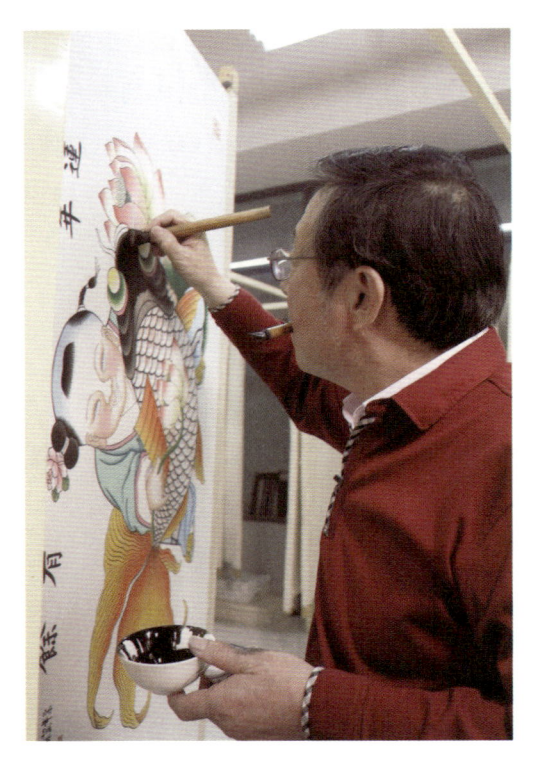

冯庆钜在彩绘杨柳青木版年画

手工又分粗活、二细子(活)、细活三种。刚开始时先学画粗活,即基本技法,抹薄色、抹人头、抹小红脸、抹水印等,由粗到细,由普及品到细活。因粗活只需要大面积刷染,故又称"卫抹子",这类年画一般都是普及品,是老百姓经常购买的,在彩绘这一工序上,用的工时不是很多。二细子(活)年画的质量就好很多了,通常是家境殷实的人家购买。细活为工笔细描,是杨柳青木版年画最复杂、最细致的一道工序。这类年画一般是作为贡品的,所以质量要求很高。

装裱

装裱指将制作完成的年画装裱起来,与一般裱画的方法相同。形式分为"托裱""画轴""镜片""册页"等。通常的普及品年画,是不需要装裱的,可以直接张贴。

勾、刻、印、绘、裱,简单几个字,却是数辈年画工匠和画师们集体智慧的结晶。

杨柳青木版年画的主要价值

杨柳青木版年画以其独特的文化、艺术魅力成为中华民族特有的精神财富。它是民间艺术中为数不多的既具欣赏性,又被现代艺术载体广泛使用,并在民众中得到广泛普及的艺术品种。它的形成有着特殊的背景和条件,其对民众的影响很大,对弘扬民族文化、彰显民族精神,进行爱国主义教育都具有重要现实意义。

第一,历史价值。杨柳青木版年画在历史上出现的"家家会点染,户户善丹青"的空前繁荣景象,不仅对研究我国年画史有重要价值,对研究受其影响的其他年画画种也有借鉴价值。它是研究中国木版年画的珍贵史料,同时对被俄国、德国、法国、美国、奥地利等国收藏的中国年画的研究也具有重要价值。杨柳青木版年画是世界文化的宝贵遗产,在世界绘画史上也有深刻影响。

第二,艺术价值。杨柳青木版年画以取材广泛、印(刻)绘结合、技艺精湛、藏品丰富、传承有序著称,其艺术价值对其他年画有深远影响,艺术成就被公推为"中国年画之首"。

第三，文化价值。杨柳青木版年画具有丰厚的文化内涵，为宗教学、民俗学、社会学、经济学、美学、考古学、传统绘画史以及天津地方史研究，提供了重要的图像资料，具有特殊的文化价值及研究价值。

第四，民俗价值。杨柳青木版年画是一部地域风情的百科全书，反映了社会生活的方方面面，也反映了时代变迁，对研究天津地区的民俗风情具有重要价值。

第五，社会价值。清代李光庭著《乡言解颐》道："打舍之后，便贴年画，稚子之戏耳。如《孝顺图》《庄家忙》，令小儿看之，为之解说，未尝非养正之一端也。"这是说杨柳青木版年画的人文教化功能，对弘扬优秀传统文化具有重要的推动作用。

杨柳青木版年画代表作

神荼郁垒（二幅，纵135厘米、横69厘米，清初）

神荼、郁垒的传说,见于汉代《论衡·订鬼篇》引《山海经》:"沧海之中,有度朔之山,上有大桃木,其屈蟠三千里,其枝间东北曰鬼门,万鬼所出入也。上有二神人,一曰神荼,一曰郁垒,主阅领万鬼。恶害魂,执以苇索,而以食虎。于是黄帝乃作礼以时驱之,立大桃人,门户画神荼、郁垒与虎,悬苇索以御。"南朝梁宗懔《荆楚岁时记》也有记载:"正月一日……绘二神贴户左右,左神荼,右郁垒,俗谓之门神。"后世贴门神的年俗当与此有关。

秦琼尉迟恭(二幅,纵68厘米、横39厘米,清初)

尉迟恭、秦琼皆唐初大将。《三教搜神大全》称:"唐太宗不豫,稷门外抛砖弄瓦,鬼魅号呼,三十六宫、七十二院夜无宁静。太宗惧之,以告群臣。秦叔宝出班奏曰:'臣平生杀人如剖瓜,积尸如聚蚁,何惧魍魉乎!愿同胡敬德戎装立门以伺。'太宗

可其奏。夜果无警,太宗嘉之,谓二人守夜无眠,命画工图二人之形象全装,手执玉斧,腰带鞭链弓箭,怒发一如平时,悬于宫掖之左右门。邪祟以息。后世沿袭,遂永为门神。"此说为门神乃唐代尉迟恭、秦琼之始,早于《西游记》。年画中白脸者为秦琼,墨脸者为尉迟恭。二人装束相同,恰如《三教搜神大全》中所说。

百子富贵(纵65厘米、横110厘米,清代)

石榴外壳开裂,露出密密麻麻的饱满的石榴子,六个孩童似从中绽出。榴顶一孩童双手捧举一"贵"字,字上又冒出一朵祥云,云中有一官人骑狮随一侍者,当为太师,寓意儿童长大富贵高升。画家未将其憧憬的图像置于琼楼仙境,而放在一个家庭之中,增添了人间气息。

四季平安(二幅,纵78厘米、横21厘米,清代)

瓶中安插牡丹、荷花、菊花、梅花,这四种花卉在春、夏、秋、冬开放,故用以象征四季;安插瓶中,谐音"平安"。瓶座两旁有石榴、寿桃和佛手,寓意"福寿三多"。此图题材为"窗旁",又称"立三裁",是专门贴在窗户两旁墙上的,贴时左右对称。这两幅内容相同,只是瓶子色彩有别。画法细腻,体现了杨柳青木版年画的风格。

陷空岛(纵71厘米、横119厘米,清代)

取自《七侠五义》。故事讲述白玉堂在开封府盗走三宝,匿于陷空岛。这幅年画上,白玉堂正怒斥胡烈。

李逵大闹忠义堂(纵71厘米、横119厘米,清代)

取材于《水浒传》。故事讲述王江、董海假冒宋江名义抢走荆门镇刘太公之女,李逵闻知后大闹忠义堂,后经刘家辨认,才知受骗,遂与燕青觅强人杀之,救出民女。

宴桃园三结义(纵36厘米、横61厘米,清代)

取材于《三国演义》。故事讲述刘备、关羽、张飞于桃园结拜兄弟,欲共襄汉家大业。这幅年画构图与戏曲相近,以红色为基调,强调了结义的喜庆气氛。

(整理者:孙建君)

第十六讲
季克良与茅台酒酿制技艺

周嘉华 主讲

周嘉华

周嘉华（1942— ），男，浙江省瑞安市人，1942年出生，1964年毕业于广西大学化学系，现为中国科学院自然科学史研究所研究员。主要从事中外化学化工史及中国传统工艺研究。主要成果有《20世纪科技简史》（合著）、《中国科学技术史·化学卷》、《世界化学史》《中华文化通志·科技典·化学化工志》《中国化学史》《中国传统工艺全集·酿造卷》（合著）、《中国传统酿造：酒醋酱》《酒铸史钩》《中国传统工艺全集·农畜矿产品加工》《中国化工通史·古代卷》等。国家级非物质文化遗产代表性传承人记录验收工作专家。

季克良和他的茅台情怀

1981年秋冬之际,我在贵州考察酿酒技艺,跟清华大学的杨根教授、白广美教授一起到董酒厂参观,厂长贾翘彦陪着我们,同行的还有贵州省轻工所的丁匀成。随后我们几个人一块儿去了茅台酒厂。

当时茅台镇的路不好走,我们先开车从遵义到仁怀,再到茅台,走了很长一段路。到了茅台酒厂,我们住在厂里的招待所。招待所在山上,很简陋。那时候,季克良刚刚荣升副厂长,管技术,负责接待我们一行人。清华大学的两位老师和我都是研究酒史的,贾翘彦厂长则是茅台酒厂的邻居,丁匀成也是季克良的老熟人。这是我第一次认识季克良,那时候他还是小伙子,如今头发花白,想想我们相识也有几十年了。

1964年,季克良和徐英放弃了去上海和浙江工作的机会,从无锡轻工业学院食品发酵专业毕业后,直接扎根于贵州。他们两口子是第一批专业对口落户茅台的大学毕业生,当年辗转奔波,从无锡到贵阳,花了三天三夜;从贵阳到茅台镇,又花了四天多时间。初来乍到,他们看到的是正处于低谷的茅台酒厂:破旧零落的厂房,用酒坛砌起的宿舍和落后的生产设备。那时候茅台镇的条件很差,招待所很破烂。想去看电影,要到山坡下的小礼堂。夏天住一夜,得对付蚊子和臭虫;冬天则是煤烟气熏天。车间没有现在这么大,规模很小;酒库也就几个,不像现在几千吨的酒都能储存。眼前的荒凉没有让他俩退缩,相反,个性中的坚韧,让他们很快忘记恶劣的环境,迅速投身到茅台酒工艺的探索工作中。茅台酒厂原来没有这样专业的人员,所以他们很受重视。经过磨炼、提高,他俩成为茅台酒生产技术的"大拿"。如今茅台酒厂那些总工、技师,很多都是季克良的徒弟。通过办培训,他让茅台酒酿制技艺走出去,在全国各地撒了种,影响很大。

季克良平时经常到车间去指导酿酒师傅们工作,在发酵现场给徒弟们讲解。他的教学方法很独特,时常提问徒弟,温度高了怎么办?温度低了怎么办?等等。这种注重科学原理的教学方法比口传手教更进了一步,所以他带的徒弟在技术上都是专家水平。

季克良将实践与理论相结合的教学方法,起始于20世纪60年代的一个机遇。1964年季克良到茅台酒厂工作后,正好赶上轻工部组织力量调研茅台酒生产工艺。他作为研究茅台酒工艺的一个很重要的成员参与了调研。他有理论上的储备,特别是微生物知识水平比较高,但是缺乏实践经验。1966—1976年,茅台酒厂把干部分三批下到车间劳动,季克良就跟李兴发一块儿到车间去,从制曲到烤酒,每一道工序他都亲自去做,特别是发酵过程。他回忆说,当时与工人师傅同吃同住同劳动,建立了深厚的友谊。有一次,他的饭票找不到了,是工人们凑饭票给他;还有一次,他在背酒糟时摔倒在三米深的窖坑里,腰部受伤,动弹不得,是师傅们用手推车把他送回宿舍。在工人师傅的身上,他学到了坚韧、勤奋、团结的品行,让他一生受益。这样一来,他把实践经验和理论知识融合在一块儿,一下子就提升了自己的知识,看问题就比一般的酿酒师傅要深远。

现在,季克良几乎成了茅台酒的一张名片,只要一提茅台酒,人们就会自然而然地想起这位国家级非物质文化遗产代表性项目——茅台酒酿制技艺国家级代表性传承人。已经年过八旬的他,不仅用余下的时光继续为茅台酒代言,也努力做着文化传承的相关工作。

季克良从一个普通的大学生,到一位酿酒的专业工程师,再到现在成为酿酒大师,这个成长过程,是值得人们去学习的。他对茅台酒工艺发展的贡献,是大家公认的。

第十六讲　季克良与茅台酒酿制技艺

茅台酒的历史和制作工艺

赤水河一带,在明清时期是川盐进贵州的一个重要集市。茅台镇的商业一直比较发达,酒业比较兴旺。明末清初,茅台镇酒坊林立,有十几家,其中最著名的三家,就是茅台酒厂的前身。

茅台镇产的这种酒,和黄酒有本质上的区别。首先,茅台酒是白酒、蒸馏酒;其次,它是酱香型的蒸馏酒。酱香型的酒,最早起源于茅台镇,全国独一无二。这种蒸馏酒最核心的工艺,是在发酵以后,把酒精直接通过蒸馏技术蒸馏出来、集中起来。发酵完成后就榨出来的叫原汁酒,黄酒就是原汁酒。

到茅台镇,一般都会到赤水河渡口那里,看纪念当年红军路过此地的纪念碑。当年茅台镇那几个酒厂的酒被征收供给部队。红军最缺药,对枪伤、外伤来讲,主要是消毒,防止细菌感染,因此茅台酒当时就被红军用来治疗外伤,救了不少人。

"勾兑",在很多人的印象中不是一个好词,但勾兑是酿酒中一个很重要的工艺。一二十年前,人们说起勾兑就以为是假酒,是用水勾兑酒,是不好的。其实勾兑是现代酿酒工艺中一个很重要的环节,每次蒸出来的酒,里面内涵是不一样的,有的偏辣,有的偏香,有的偏甜,怎么办？就得靠勾兑,即按一定比例,将不同时段蒸出来的不同内涵的酒调和在一起。调好之后,酒体比较丰满,口味比较协调。也就是说,原酒不一定是好酒,但是勾兑好的酒应该是好酒。

茅台酒大致有三种酒体:酱香、窖底香、醇甜香。这三种酒体的区别,一般人还轻易喝不出来,从酒里面品出酒体,是要有经验、有本领的。茅台酒有这三种香型酒体构成是在1964—1965年,由当时的副厂长、老技师李兴发提出来的,这是一个很重要的成果。这三种酒体和勾兑紧密相关。在发酵的过程中,不同阶段不同酒醅烤出来的不同时间的酒基的口味都不一样,因为内涵的成分不一样,有的是这个阶段正好出来这一类,那个阶段出来那一类。假如把它调和好了,各种口味都有,就好像做菜一样，五味怎么调是个技术，仅仅一个味道，或咸或甜都不好。

传承人季克良向酒厂勾兑师们讲解勾兑的原理、重要性，并向他们了解本年度勾兑方案

浓香、清香、酱香、米香是中国蒸馏酒不同发展阶段产品的呈现。米香最早的工艺，就是用黄酒做酒基蒸馏出来的，或者以大米为原料，糖化以后液态蒸馏出来。它里面含有很多乳酸乙酯，所以是米香型。清香型是已经在缸里发酵，一清到底，它主要是45%的乙酸乙酯跟55%的乳酸乙酯配比为主体香。这是汾酒清香的缘由。泸州老窖、五粮液，都是泥窖发酵，其内涵又不一样，因为窖泥引进了新的菌落，跟本身所具有的菌落糅合在一起，构成一个新的菌体。这个菌体产生的酒又增加了己酸乙酯的含量，改变了酒的内涵，酒就有一种浓郁的香味，这就是浓香型。

茅台酒又不一样。茅台酒是高温曲，高温堆积、高温发酵、高温取酒，菌系变化很大，且菌种特别丰富。它采取开放式和封闭式有机结合的发酵形式，使茅台酒的内涵很丰富,不仅有上述的乳酸乙酯、乙酸乙酯、己酸乙酯,还有许多酯类化合物,这样它的酒体就特别丰满,口味特别独特。茅台酒的酱香最主要来自高温堆积,高温堆积使酒醅中的根霉、曲霉等糖化菌种减少了,使得酵母菌也减弱了,故糖化、酒化速率降低了,发酵时间就要延长。分解蛋白质能力强的微生物特别是嗜热芽孢杆菌繁殖较快,随着蛋白质的分解就产生了包括丁酸乙酯在内的特殊气味,这个气味就是酱香的由来。

中国从古代开始做酱,积累了很丰富的经验。拿黄豆做酱就是高温堆积发酵,发酵制品的酱味特别突出,所以东方饮食中的酱文化也独具特色。茅台酒把这个经验融合进来了,所以它的酱香特别突出。

高温曲和茅台酒的酿造技艺

茅台酒是纯粮固态发酵,不添加任何东西。在发酵过程中,原粮曲中不添加增香物质,完全靠自然发酵。中国的谷物酿酒就是依靠曲来引导发酵,整个过程中原料构成它的主体。原料加上曲之后,酿酒就摆脱了原始阶段。

曲的重要性贯穿酿酒的始终,要做好酒,首先要做好曲。因为曲所保存的微生物菌落移植到酒醅里头,引导着酒醅的发酵,所以在酒行业,曲是酒之骨头,实际上是核心灵魂。制曲在酿酒当中是第一道工序,也是重要的工序之一。茅台酒的投料有两次,第一次叫下沙,第二次叫糙沙。分两次投料是茅台酒的特点。因为茅台酒的曲是高温曲,高温曲有长处也有弱点:温度高了以后,根霉系的霉菌和酒化的主力酵母菌都比较少,糖化能力、酒化能力不强,再加上茅台当地产的高粱的淀粉结构比较严实,所以它发酵的速度就比较慢,发酵周期比较长,要经过八次发酵才能充分利用原粮。

制曲车间员工在拆曲，去除曲块表面的稻草

发酵分为堆积发酵和窖池发酵，又称阳发酵和阴发酵。所谓阴发酵，是指在地窖里面的发酵；所谓阳发酵，是指露天的堆积发酵。堆积发酵让环境中的菌落进入发酵醅里头，这样发酵又产生另外一种效果。在窖池里头发酵主要靠酒曲带进来的菌落，堆积发酵是引进自然环境中的菌落，这两个菌落起不同的作用，特别是高温堆积，菌系里头分解蛋白质的芽孢杆菌特别多，蛋白质一分解就产生了氨基酸，酒的口味就好。氨基酸能够提鲜、提味，其本身在蛋白质分解过程中还产生一些化合物。

茅台酒的酿造，现在还保持着人工踩曲。有一段时间，有的企业要提高生产效率，做曲采用机械化，由机器来压制，效率虽然提高了，但曲的质量明显不如人工的。人工踩曲由女同志踩，女同志跟男同志相比，重量轻，脚踩得也轻，踩出来的块曲有蓬松的感觉、但又不散开，利于微生物的繁殖。制茅台酒的曲是高温曲，与浓香型、清香型的中温曲是不一样的。茅台酒厂的制曲,曲坯是用稻草包起来,再放到封闭的曲房里。稻草是新旧混用,这样的混合使用不仅有保湿、调湿的功能,还有利于微生物的生长。

茅台酒的高温曲很特别,外皮呈黑色,里面是金黄色。它实际上主要由黄曲、黑曲、白曲构成。掰开来,能闻到一种黄粑香味。在曲醅的发酵中,随着微生物的繁殖代谢作用,曲醅颜色会慢慢变深,黄曲多了、变形了,曲醅质量就好。

茅台镇本来可能也不想做高温曲,原来都是中温曲。茅台镇又潮又热,三伏天再一封闭的话,酒曲的温度有一段时间在65℃左右,在这个温度下,菌系就变了,有些菌活不下去,有些菌却能挺过来,起到优选环境微生物种类的效果,最后形成耐高温产香的微生物体系。茅台酒厂回到手工做曲的工艺后,需经过好多轮次的翻仓,包括摊晾,就是为了控制温度和湿度,让有益菌更好地繁殖。

在这个过程中,通过泼水,有时候还要泼酒尾,是为了让它更好地发酵。打开来晾,是为了堆积发酵。这是季克良的一个重要发现。高温堆积是茅台酒厂一个很重要的工艺,这个工艺不能忽视,酱香主要是来自这儿。

为了拌匀,翻搅的速度很快,它的目的也是为了充分吸收环境里边的微生物。加水的时候,不能加凉水,而是加有一定温度的水。因为原粮有水以后,微生物才能很好地活跃起来;没有水,微生物就没法繁殖。

在烤酒、贮存、勾兑等各个环节中,都要不断地品酒,因为每一次烤出来的酒都不一样,即便是同一个窖池、同一个蒸屉,烤出来的酒也不一样;不同时段烤出来的酒也不一样。所以说,这一锅酒和那一锅酒完全一样是不可能的,就得靠鉴别。每一次烤出来的酒,鉴别它到底是属于哪种香型,过了一年勾兑好再储存;储存三年后再品酒、再勾兑,反反复复。不同色香味调和均匀,调到比较合适的比例,就要不断地勾兑、不断地鉴别,这是茅台酒厂很重要的酿酒技艺。

茅台酒工艺里整个糖化、酒化的过程比较缓慢,每一个阶段都有不同风味的酒出来。不像汾酒是两次,米香型酒就一次,茅台酒是七次摘酒,不同阶段摘的酒其内涵是不一样的。只有七次都摘完了，废糟才能扔掉。这时酒糟里已没酒了，淀粉也基本上消耗完了。

  摘酒又称取酒，是不是跟着看过、尝过每一次取的酒，记录好取酒包括制曲各个环节，自己就会酿茅台酒了？有这么容易吗？没这么容易。看是一码事，做起来则是另一码事。2009年，我到茅台酒厂去，专门采访季克良，问："你们传统工艺是怎么保护的？"他把汪副厂长叫来了，一起聊。这个女副厂长说："我们明确了每一个车间、每一套工序都有规定，都写好条文了，谁都不能违反，谁都不能偷工减料。要明确告诉工人，传统工艺传承是马虎不得的。"比如，原料采用当地产的高粱，是有讲究的。高粱本身，不同地方的品种不一样，同一品种在不同地方产的质量也不完全一样。又比如用曲量，高粱用一吨的话，加曲可能也要加一吨。酒曲，一般都是起引子的作用，少量加一些也可以。茅台酒工艺加这么多曲，是茅台酒的一个特色，用曲量达到一比一，就是说用曲量是非常大的。茅台酿酒耗粮也是最大的，七斤粮食一斤酒，不像有的黄酒是一斤粮食两斤酒。其他白酒的话也没有那么耗粮。茅台酒耗粮多，因为它的工艺很特殊，要经过很多轮次的发酵。耗粮不一定是转化率低，而是充分利用了原料的内涵即营养成分，而且它在摘酒时掐头去尾的操作特别严格，摘酒必须达到标准，酒头、酒尾全处理了，这样才能保证茅台成品酒的质量。

  茅台酒的储存非常有特色，也很有讲究。现在茅台厂生产的酒至少要放四年以上，一般是五年左右，储存后再勾兑好的酒才能够进入市场。储存是酿酒工艺的重要组成部分。刚开始存放时，酒液中低沸点的醛、硫化物跑了，存放过程中那些成香成味的前驱物质，例如乙酸、甲酸、丙酸等这些成分，各种各样的醇都要复合，要发生化学反应，要变成酯（酸跟醇反应生成酯），酯越多，这个酒就越香。所以，整个存放过程中，实际上是进一步发酵，是后发酵的一个过程。这个发酵对酒质量的提高是很关键的，所以，喝酒要喝陈的，刚烤出来的酒绝对不是真正拿到的成品酒那个味，它很辣、很呛鼻，不是很协调。

一方水土养一方酒

茅台酒、龙舌兰、威士忌被称为世界三大蒸馏酒。中国和西方的蒸馏酒,除了原料,最大的不同就是工艺。中国酿酒工艺的突出特点是用酒曲发酵,西方酒是不用酒曲的,它直接用纯种的酵母菌和纯种的糖化剂发酵,基本上是液态发酵和封闭式发酵,不让外面的菌进来。中国酒发酵有段时间是在窖里头封闭进行的,更多时间是开放式的发酵,把自然界的菌落引进来了。中国酒的发酵菌种特别丰富多样,这就造成谷物酿酒里头,除了有淀粉——发酵性糖类的糖化、酒化反应之外,还有蛋白质、脂肪等的生化反应,最后反应产物都进到酒里去了。总之,开放式发酵是中国酿酒工艺的一大特色。

53度茅台酒

酒能养身,但大量喝酒会伤身,因此适度饮酒即可。季克良每天都要品酒,这是他的职业习惯。

离开茅台镇产不了茅台酒。因为酿酒是一个和微生物打交道的过程,离开那个地点,菌系变了,环境变了,酒就变了。1976年后,因为交通方便,茅台酒厂曾经在遵义试点搞一个酒厂,把茅台镇的工艺、工人、原材料全搬过去,结果生产了多年,出来的就不是茅台酒,不是一个味。通过这次实践证明,茅台酒只能在茅台镇生产,其他地方生产的都不是茅台酒。

茅台酒厂扩大生产,扩展了新的生产车间和储酒库房,因为不出茅台镇,所以也不会影响酒的质量。现在茅台镇漫山遍野都是酒厂,有一千多家,但是最大的还是茅台酒厂,其他的都是小企业。小企业生产的酒,有的可能跟茅台酒差不多,因为气候一样;有的就完全不是那个味道,因为它的工艺变了,完全变成另外一种味道。

中国发酵食品的历史非常悠久,体系也非常庞大,白酒的发酵和泡菜、醋、乳制品等相比起来,都是微生物发酵,只不过原材料不一样。酒的原材料可以是高粱,可以是大米,很多谷物也可以做酒。酒经氧化反应就变成了醋。所以酒成为制醋的中间产品,像镇江香醋那样的,将大米(糯米)做成酒,再做醋。然而,泡菜制作是乳酸发酵,它利用的是乳酸菌。用传统方式发酵,让蔬菜变味,变成人们喜欢的味道。

以前酿酒完全靠经验,不知道微生物是什么,现在知道了微生物,也不会影响传统技艺的原汁原味,只会使传统技艺更好地发展。季克良树立了一个榜样,既有理论又有实践。他现在带徒弟也是要求徒弟既要学理论又要在实践中操作,这样才能成为合格的技术人才。

季克良非常重视对微生物学的研究。在堆积发酵的过程中,首先是加曲发酵,烤出来后又把原粮和酒糟混合,加曲是为了把菌落引进酒醅里头,让它发酵;在开放发酵中,空气中的微生物也参与发酵。整个发酵过程是微生物在做工,人们是利用微生物给自己做工,这就是一个微生物工程。季克良现在的徒弟也是无锡轻工学院毕业,跟他是校友。这个大学原来是轻工部直管的大专院校,专业设置以食品为主要对象,现在很多酿酒的专家都出自这个学校。这个徒弟读到硕士,拜季克良为师。这种以师带徒的传承方式不仅要保持下来,还要加强、扩大。过去师父带徒弟,都是带一两个;现在办成训练班、学校,一下子就带出来一大批,从而使专业队伍后继有人,专家人才就可以不断涌现了。

总结来说,茅台酒的酿制过程是一个生物化学过程。发酵属于微生物工程,摊晾拌曲等工序的作用就是把菌落移植到粮胚里去,降低到一个适宜的温度,让微生物能够均匀地跟粮胚混合在一起。

勾兑也是茅台酒酿制技艺的一道重要工序。勾兑的时候不添加一滴水,这是指不加带有化学物质的水。也就是说酒中是有水的,但是酒中不能加水,加水的话,它的结构是不严密的、松散的,味道就不一样了。

中国酿酒的地方非常多,东西南北都有,每个地方都要因地制宜,根据自己所拥有的原料和生态环境,研究出相应的工艺技术。各地都能生产好酒。好酒没有绝对的标准,不具有可比性,每个地方的口味不一样。山西人偏爱醋,山西的酒跟其他地方的酒就不一样。

茅台酒一直受到党中央和国家的重视,但它的发展并不是一直都顺利。过去因为交通不方便,技术力量比较薄弱。在这种情况下,季克良等专业人才到了茅台镇,充实了技术力量。紧接着,中央人民政府轻工业部有一系列的动作,从调研开始到20世纪70年代的扩建,其发展最辉煌的时期就是季克良在茅台酒厂的这段时间。现在茅台酒成为中国诸多酒里最大的品牌,季克良的技术指导作用是很显著的。过去烤出高质量的茅台酒不容易,现在这些问题基本上都解决了。在茅台酒厂企业发展和技术发展的过程中,季克良在这个传承链上的作用是不容忽视的。

作为一位技艺高超的国家级非物质文化遗产代表性项目茅台酒酿制技艺国家级代表性传承人,季克良的心态是既感恩又敬畏。季克良从江苏到茅台镇的时候,茅台镇生活条件是很差的，他坚持下来并做出成绩，没有当地的领导、同事、居民的支持是无法想象的。曾经有一段时间，很多厂家、很多地方都想把季克良挖过去，但他不为所动，因为他跟茅台酒厂有了一定的感情联系以后，觉得茅台酒厂就是他的第二个家。

茅台酒酿制技艺在贵州虽然小有名气，但如果按照当时茅台镇的地理环境，它的发展是比较困难的。它从赤水河旁边的一个坡地处起家，发展到把整个茅台镇都圈进去，没有当地的支持是不可能的。所以，季克良对茅台镇的人民深怀感恩。

季克良的另外一个心态是敬畏。他说，这个技艺在茅台镇是土生土长的，正好给他一个发挥本领的用武之地。他的技艺和学识在这里得到了发挥，他也在这里得到了成长。技艺本身不是他的，他只是传承中间的一个环节，所以他对这个技艺一直心怀敬畏，觉得这个技艺实属珍贵，一定要很好地保护它。

公开课主讲人周嘉华与主持人谢忠军合影

（整理者：岳梦圆）

第十七讲
王阿牛与绍兴黄酒酿制技艺

周嘉华 主讲

酿酒的历史

人类接触最早的酒可能是果酒和奶酒。水果发酵比较简单,古时候,人们把水果收集起来,密封存储,经过时间的洗礼后,它自然而然就发酵成酒了。在西方,人们最早喝的酒是葡萄酒。大概在公元前五千年前,中亚和地中海沿岸就已经出现葡萄酒了。葡萄皮外面有酵母菌,把葡萄压成汁放在木桶里就可以发酵成酒。奶酒,顾名思义是用牛奶、羊奶或马奶发酵而成的。人们将奶放在皮桶或皮囊里,外出劳作的时候背在身上来回晃荡,今天是奶,明天就发酵了,成了原始的奶酒。

与西方不同,中国最早的酒是谷物酒。谷物酒的出现实际上跟人们的饮食有很大关系。古时候粮食比较珍贵,蒸好的米饭即使长毛了也不会直接扔掉。一般人都会加点温水泡一泡,过几天味道就变甜了,这就是最原始的酒。《北山酒经》中曾写道:"酒白谓之醭。醭者,坏饭也……饭不坏则酒不甜。"绍兴黄酒酿制技艺的国家级代表性传承人王阿牛也讲过一个类似的故事:很久以前,绍兴山里有个砍柴的老汉,他每天都要到山里砍柴,一去一整天。午饭就是从家里带的蒸饭。一年冬天,他带着新煮的糯米饭到山里砍柴,中途身体不舒服,就急急忙忙回家了。回去的时候,忘了把糯米饭一起带回去。一个多月后,老汉病好了,再去砍柴,发现糯米饭还在。因为前几天下过雨,所以米饭都变成了米汤,闻起来有股特殊的香味。他尝了尝,发现味道很好,于是将米汤带回家给家人品尝。他们都觉得不错。喝完这碗特殊的米汤后,老汉觉得身上热乎乎的,睡了一觉起来神清气爽。后来老汉又按照原来的方法试了几次,结果都很成功。慢慢地,这件事就传开了,四周的山里人都照着做。这就是黄酒的起源。

在我国古代的文献典籍中,有很多关于酒的记载,比如,李白在《将进酒》中写道:"会须一饮三百杯。"杜甫在《闻官军收河南河北》中写道:"白日放歌须纵酒。"通俗地讲,李白、杜甫他们喝的酒都是谷物酒。再往前追溯,时间还可以更早一些。比如曹操写道:"对酒当歌,人生几何。"再往前推,比如《诗经》里写道:"为此春酒,以介眉寿。"那时的酒,也是谷物酒。不过,当时人们的酿酒水平有限,春秋战国时期酒精度数可能3—4度都不到,比现在啤酒的度数还要低。三国时,人们已经开始使用连续发酵的方式,酒的度数提高了一点,在5度上下,所以那时候"大碗喝酒"并不稀奇。

冬至酿黄酒

绍兴是著名的酒乡,酿制米酒的历史悠久。早在南北朝时期,山阴(即今天的绍兴)甜酒就非常有名,到宋代已经闻名遐迩,至明清时期,更有"越酒行天下"的说法。绍兴出好酒,得益于它得天独厚的自然条件和人文环境。王阿牛的家乡绍兴东浦,地处山会平原,稻谷丰盛,当地百姓世世代代过着上半年务农、入冬后酿酒的生活。在东浦酒坊遍地,户户飘香,酿酒已经成为当地农村生产的组成部分。绍兴黄酒酿制技艺传承人王阿牛,生前一直钻研黄酒酿制技艺。只要身体允许,他就去酒厂一线生产车间进行指导。

黄酒之所以叫黄酒,跟它的色泽有很大关系。所谓黄酒、白酒主要是指压榨后酒的颜色,透明的就叫白酒,黄色的就叫黄酒。黄酒跟白酒相比,色泽偏黄,略带一点红色。大概在春秋战国时期,就出现了白酒。黄酒的出现比白酒要晚一些。黄酒中的黄色主要来源于粮食中的某些色素与酒曲慢慢溶解之后呈现出来的颜色。如果用的酒曲是红曲,那酒的颜色就更好看了。

酿酒,从制曲、发酵、储存到勾兑是一个长期的线性过程,所以对时间的要求很高,有明确的季节性。千百年来,绍兴黄酒一直延用夏季做酒药、秋季制麦曲、冬季投料酿酒、春季榨酒煎酒的酿制工序。三伏天温度高,微生物活跃,繁殖力强,因而适合做酒药。秋去冬来,气温逐渐变低,温度控制相对比较容易,因而适合投料发酵。在绍兴,每年冬至都是传统的冬酿时节。"田要春耕,酒要冬酿",说的就是这个时节酿制的黄酒品质最好。酿酒时从蒸饭、摊放到下缸,温度基本上都要控制在30℃上下。尽管发酵过程中产生的热量会不断使温度升高,但因为环境气温比较低,所以温度控制还是相对比较容易。

酿酒虽说好学,但要做出好酒就不那么容易了。比如,落缸(将蒸好的米饭放置在酒缸里)之后,还要不断搅拌。这样才能让发酵更均匀,升温的速度也会比较温和。否则,有的地方温度太高就会板结,板结以后就容易酸坏。早期酿酒师傅酿一缸酒,成品酒能过半就不错了,但王阿牛酿出的酒成品率很高,品质也很好,这就体现出酿酒技艺的高低不同了。

好原料才有好味道

黄酒口感的好坏除了与酿制工艺、时节有关,更重要的还与其使用的原料有关。在绍兴有一句俗语:"糯米小麦鉴湖水,酸浆糙饭好老酒。"这里说的糯米、小麦、鉴湖水是酿制绍兴黄酒最主要的三种原料。

绍兴作为鱼米之乡,种植水稻的历史特别悠久。绍兴黄酒选用的是质量上乘的精白糯米,它的支链淀粉含量非常高,富有黏性,蒸煮出来的饭粒软糯,易于糖化发酵,使得酒的口感比较醇厚。也正因为如此,糯米被称为"酒之肉"。

麦曲被称为"酒之骨"。宋应星在《天工开物》中说:"凡酿酒,必资曲药成信,无曲即佳米珍黍,空造不成。"也就是说,没有曲的话,再好的糯米,也酿不出好酒来。一般来讲,谷物发酵成酒主要分为两步:第一步是糖化,即将淀粉转换成可以被微生物特别是酵母菌食用的糖类;第二步是酒化,实际上是把糖分变成酒。这其中有个非常重要的区别,西方的发酵是先糖化后酒化,一步一步走,可称之为单边发酵。

我们中国不一样,是加入酒曲以后,糖化、酒化同时进行,可称为复式发酵,其效率明显高于单边发酵。

我国是最早用曲酿酒的国家。曲是什么?用现代术语来讲,曲是一种多菌多霉的生物制品,它能够优化并催化发酵反应的过程。中国的曲种类非常丰富,比如大曲、小曲、草包曲、药曲等。不同的酒厂、不同的产品用的曲都不一样,而曲不同就造就了后面相关工艺的不同,进而造成了酒的香型不同,有的是浓香,有的是酱香,有的是清香。王阿牛在绍兴黄酒的麦曲的制作工艺上也有非常重要的贡献。绍兴黄酒早期使用的是草包曲,即把优质小麦磨碎,加水拌匀后,用稻草包捆扎紧发酵而成。后来因为当地种植的水稻品种发生变化,不适合再做草包曲,黄酒生产一度陷入困境。王阿牛通过多次实践,将草包曲改为块曲,堆叠培养,在很大程度上解决了制曲的困境,也使得绍兴黄酒酿制技艺能够传承下来。

制作酒曲用的稻草

鉴湖水被称为"酒之血"。绍兴民间一直有"汲取门前鉴湖水,酿得老酒万里香"的说法。绍兴黄酒之所以成为酒中珍品,除了当地特有的精白糯米及代代相传的传统手工酿酒技艺,也离不开鉴湖水。关于鉴湖水,典籍里也有很多记载,如清代梁章钜在《浪迹续谈》中写道："盖山阴、会稽之间，水最宜酒，易地则不能为良，故他府皆有绍兴人如法制酿，而水既不同，味即远逊。"可见鉴湖水的特殊性。鉴湖水发源于会稽山北麓，经过岩石、沙砾过滤和湖底泥炭的吸附，水中的重金属和污染物大大减少，因而水质清澈透明，硬度适中，有机杂质少。绍兴市国家黄酒产品质量监督检验中心曾做过一个课题，就是非鉴湖水酿制绍兴酒的可行性研究，项目组发现，非鉴湖水可以酿出符合国标的黄酒，但与用鉴湖水酿的传统绍兴酒在口感和风格上存在明显差异。经过进一步检测，发现鉴湖水中含有大量的矿物元素，尤其是钾、硒、钼、钠、镁、铬等，这些矿物元素对霉菌、酵母菌的生长繁殖起着重要的作用。

从学徒到酒仙

生活在酒乡东浦，王阿牛的父亲也会简单的酿酒工艺，少时的王阿牛骨子里就对黄酒感到亲切和喜欢。十七岁时，为了实现儿时的酿酒梦想，王阿牛被父亲送进汤源源茂记酒坊当学徒。那时候，当学徒是很苦的。刚到酒坊学艺时，学徒的主要工作是给酒坊老板、酿酒师傅打下手、当用人，干的都是最苦、最累的活儿。一两年甚至两三年后，如果师傅觉得学徒能吃苦、有悟性，才会让他慢慢接触核心技术。酿酒师傅之所以要这么做，也是要让学徒觉得学艺不易，从而更加珍惜学习的机会。这可能是每一个传承人都会经历的阶段，王阿牛也是如此过来的。

在黄酒酿制过程中，开耙是很重要的环节。掌握这项技术的酿酒师傅也叫开耙师傅，被称为"酒头脑"。开耙师傅在整个酒坊里地位最高，连酒坊老板也要让他三分。酒头脑要是觉得哪个工人不能用，酒坊老板就只能让他走人，不然酒的质量好坏老板自己负责。以前，开耙技术是从不轻易教给别人的，除非是自己的儿子。王阿牛很幸运，自己的堂哥就是一位开耙师傅，也愿意教他。

所谓开耙就是拿一根两米左右的木棍在酒缸里搅拌，在不同的发酵阶段给不同的微生物提供各自适宜的温度、氧气,催化发酵的过程。"察天时之冷暖,定开耙之迟早",说的就是酒的好坏与开耙的时间、次数息息相关。什么时候开耙,如何搅动,如何判断这缸酒是开好了,还是开酸了,这个酸到底是怎么回事,为什么酸了就不好,这些都靠开耙师傅凭日积月累的经验去摸索和回答。以前的酿酒师父因为文化水平有限,都是靠老师父一代一代传授经验,根本不知道发酵的过程到底是怎么回事,所以开耙的难度很大。"开耙不酸,胜过做官",这句流传甚广的行业俗语也能够很好地说明开耙的难度。

酿酒的过程其实就是淀粉糖化以后再酒化。淀粉糖化后变成了可溶性、可发酵的糖类,口感上变甜了。此糖类在酵母菌的作用下发酵变成乙醇,就是酒化。整个过程掌握好了,酒的口感会又甜又醇。但在整个发酵过程中,存在另外一种菌——醋酸菌。温度保持在32℃左右时,醋酸菌非常活跃。如果温度、时间掌握不好,发酵过度,乙醇会变成乙酸,味道就变酸了。所以酿酒和酿醋的工艺基本是一致的,酿醋是酿酒工艺的下一道工序。温度控制好了,酒就是酒;温度控制不好,就变成醋了。

以前是没有温度计的,发酵缸里的温度全靠酿酒师父的手去感知。没有一两年的学习,开耙技术是学不好的。要想成为一名好的酒头脑,则需要跟在老师傅后面学上十年八年。从1942年开始,王阿牛在沈裕华酒厂干了十年,也学了十年,他善于总结和记录数据,慢慢体悟到开耙的窍门。他的手就像温度计,又比温度计还要精妙。

据王阿牛生前回忆,这辈子对他影响最大的一件事情,就是1955年去烟台培训。1955年,中华人民共和国轻工业部在烟台举办了白酒技术规格试点总结培训。这次培训经历成为王阿牛酿酒生涯的重要转折点。作为一位早已声名在外的酿酒师父,他会酿酒,但其中的原理他却不了解。简单来说,就是他只知道要这样做,却不知道为什么要这么做。通过这次培训,他从科学层面上认识了发酵的原理,理解了酿酒的过程。过去很多酿酒师父没有学过微生物学。微生物学是20世纪才逐渐发展起来的一门近代科学,与我们的生活息息相关。对于酿酒师父来讲,微生物学的知识是非常重要的,比如原来的无锡轻工业学院的酿酒系,学生们学的第一课就是微生物学,掌握了微生物学的基础知识,才能更好地理解酿酒的原理。在这次培训班上,王阿牛第一次通过显微镜看到了酵母菌的模样,也第一次理解了酿酒过程中的奥秘。从烟台培训归来,善于观察总结的王阿牛,在不断的酿酒实践中,反复与他学到的科学理论知识相结合,经过不断验证、总结、提升,最终使他从一位优秀的酿酒师傅成长为酿酒专家,成为人们口耳相传的"活酒仙"。

制作酒药的辣蓼草

对黄酒酿制技艺的改革

过去,绍兴黄酒酿制的大部分工序都是人工操作,劳动强度较大。20世纪50年代,王阿牛担任国营云集酒厂的副厂长,为了提高生产效率,减轻劳动负担,王阿牛组织工人对蒸饭、榨酒、煎酒等工艺进行改革。比如蒸饭环节,由原来在土灶上烧火蒸煮改为锅炉蒸汽蒸煮;以前酿酒用水都是靠工人们从鉴湖肩挑手抬改成了管道输水;以前所有酿酒原材料的搬运也都依靠人力,后来改成了用车、传送带运输物料搬运;榨酒压滤环节,由古老木榨手工压榨,改成压榨机压榨。这些改革,极大地减轻了工人们的劳动强度,提升了生产效率。但王阿牛非常清醒,他的改革不能是盲目的改革,黄酒酿制的核心工艺,比如酒药的制作、麦曲的制作、开耙等,他还是坚持用传统的工艺来完成。

在当下,各行各业的生产制造基本都实现了机械化、自动化,这是一个大的发展方向,黄酒酿制也不例外,有的黄酒酒厂甚至已经实现了全流程自动化。前几年,我到江苏常州附近的酒厂调研,生产车间与我十多年前看到的已经完全不一样了,车间里都是标准的机械设备,生产流程全部自动化。现在我们市场上买到的很多黄酒都是全流程机械化酿制出来的,有的口感、品质很不错,但跟传统人工酿制的黄酒相比,口感上还是略逊一筹,总感觉差那么一点味儿。这种差别到底在哪里?是酒的后味还是香度?导致这种差别的原因有哪些?这也是我们当下正在研究的课题。众所周知,机械化酿酒跟人工酿酒有很多不同之处。比如,人工操作比较精细、灵活,能随时根据实际的发酵情况进行调整,对细节的要求较高。机械操作讲究的是标准化、系统化,能够做到精确的温度控制和时间控制。再比如,在开耙环节,机械化生产时是在完全密闭的空间里搅拌,但人工酿制时,实际上它的部分发酵过程是开放式的。这其中有很多奥秘等待我们去研究、发现。

活酒仙不好酒

王阿牛还有一点非常令人敬佩,他的味觉、嗅觉、听觉都非常敏锐。1979年5月,刚刚改革开放,中华人民共和国轻工业部举办了一次全国范围的评酒委员考核培训班。王阿牛和另外一位酿酒师傅作为浙江省的代表参加了培训考核。据王阿牛回忆,那次考核的难度非常大。比如,第一轮考试是考眼力。考官们用盐配制成0.1%、0.15%、0.2%、0.25%等浓度差别极其微小的四种水溶液和一杯蒸馏水,要求评酒员在十五分钟的时间内通过观察来按照浓度大小排序。王阿牛只用了十分钟就完成了正确的排序。第二轮考试是考嗅觉。考官们用甘草、苦杏、柑橘、柠檬、桂花五种香精配置了浓度极低的溶液,同样要求在规定的时间分辨出来。因为黄酒酿制过程中完全用不到香精,所以王阿牛对这些香味不太熟悉,在最后的考核中有两杯溶液的味道分辨错了,扣了五分。后续还有几轮味觉考试,区分不同的味道、不同的浓度等,王阿牛都满分通过了。最终,王阿牛得了九十五分,在一百多名评酒员中名列第二,成为评酒委员。按说,王阿牛既是酿酒师,又是评酒师,应该很爱喝酒,或者经常喝酒。但实际上,用他自己的话说,他不喜欢喝酒,也不会喝酒,一生当中,哪怕在厂里尝酒或外出评酒,也只是饮一两口。他知道不管酿酒还是评酒,保护好味觉器官的灵敏度至关重要,也正因如此,他一辈子都严格要求自己,平日里几乎滴酒不沾,就连在儿子的婚宴上也没有破戒。

20世纪80年代改革开放后,绍兴大办乡镇企业,一时间出现了很多大大小小的酒厂。但因为技术力量不够,开耙师傅的水平参差不齐,所以酒品的质量也差别很大。得益于平日对自己的严格要求,王阿牛在跟随绍兴市质量监督局到酒厂检查的时候,通常尝一尝发酵缸里的酒就知道问题出在哪里。被问到的酿酒师傅经常红着脸说:"伢在祖师爷面前说假话是要被揭穿的。"为了改变行业水平良莠不齐的状况,王阿牛跑遍了绍兴的近八十家酒厂,调查摸底,又通过质量监督局举办的各种培训班,给开耙师傅进行面对面的辅导、培训、考核、发证。

言传身教,后继有人

作为一项传统手工技艺,绍兴黄酒酿制的传承一重实践,二重经验,靠的就是酿酒师父的言传身教。黄酒酿制技艺是复合多菌种的开放式发酵,这项技艺的各个工序、环节及其中所涉及的手的触感、味觉、嗅觉,都需要跟着师父一起去实践、感知,在实践、感知的过程中,将师父的经验转变成自己的经验。这个经验实际上就是技艺。另外,徒弟经验的积累也非常重要。如果是第一次喝酒,他可能根本不知道如何评价它;喝多了,自然而然就能品鉴出酒跟酒的差别。这种认识实际上是学徒自己实践经验的总结。王阿牛是个好师父,从他徒弟的一些回忆中可以看出,尽管他后来走上了管理岗位,但还是经常去生产车间转。每年开耙的时候,他每缸都要打开看一看、闻一闻、尝一尝。开耙开得好的,他就让酿酒师傅回忆这缸酒酿制过程中的细节,总结经验;开耙开得不好的,他会让酿酒师傅回忆酿制过程中有什么不一样,遇到了哪些问题,然后再告诉酿酒师傅应该怎么调整。这些日复一日的训练,帮助徒弟们在实践中积累了大量的经验。除了言传身教,王阿牛还有一个特别宝贵的习惯,就是记笔记。因为早年上过三年私塾,所以王阿牛有一点文化基础,认得不少字,从早期在沈裕华酒厂学开耙,到后来在云集酒厂工作,他一直坚持记录自己的实践数据和经验,后来用这些资料编了很多高质量的培训教材,像《绍兴酒操作规程》,都是早期很多酒厂职工人手一本的学习资料。

王阿牛一辈子都跟黄酒打交道,也培养出了很多优秀的徒弟。比如潘兴祥、陈宝良,这两位目前已经成为黄酒酿造领域的领军人物。王阿牛的徒弟大多都是从酒厂学徒开始即跟随他学习酿制技艺的。出生于酿酒世家的鲁长华在进入东风酒厂后跟随王阿牛学习黄酒酿制,他回忆道,当初他刚进酒厂的时候学习开耙,开始时不愿意把手放进发酵缸里去感受温度,因为黏黏的,感觉很不舒服。王阿牛看到后耐心地劝说,告诉他做酒头脑,全靠手摸、鼻闻、口尝、耳听。这手上的功夫没有十几年是不好掌握的。这些话鲁长华铭记在心。后来,鲁长华经过不断的学习实践,逐渐成为黄酒酿造的技术能手和部门骨干,自己也将多年的实践经验和技术,毫无保留地传授给新的员工。现在他已经培养了几十位黄酒酿造高级技师、几十位二级技师。不仅如此,鲁长华还在总结生产实践经验的基础上,对生产工艺和工具进行改进,其中几项还获得了发明专利。像鲁长华这种情况,在王阿牛的徒弟里有很多。王阿牛把自己毕生所学都教给了他们,他们又在各自的岗位上兢兢业业地工作、钻研,经过十到二十年的实践磨炼,逐渐成长为新的技术带头人,带着新一代的学徒继续传承着黄酒酿制技艺。这种良性的师徒传承弥足珍贵,让黄酒酿制技艺得以后继有人、代代相传。

(整理者:王春丽)

第十八讲

平遥推光漆器髹饰技艺

宋本蓉 主讲

宋本蓉

宋本蓉（1973— ），艺术学博士，西昌学院艺术学院教授，出版《雕漆技艺》《中国工艺美术大师全集：文乾刚卷》《文心雕漆：雕漆大师文乾刚口述史》《中国工艺美术大师全集：甘而可卷》等，并在《图书馆》《中国生漆》《图书情报工作》等刊物发表论文十余篇，国家级非物质文化遗产代表性传承人记录验收工作专家。

平遥地处山西省的中部，在太行山和吕梁山之间，山区覆盖着茂密的植被，有大量漆树分布，这是山西漆器繁荣发展得天独厚的条件。1958—1976年，山西相继成立了八家漆器生产企业，它们是平遥推光漆器厂、新绛工艺美术厂、稷山工艺美术厂、代县木器厂、太原金漆镶嵌厂、榆次工艺美术厂、运城地区工艺美术厂、临猗县工艺美术厂。现在山西的平遥推光漆器髹饰技艺、绛州剔犀技艺、稷山螺钿漆器髹饰技艺等三个项目被列入国家级非物质文化遗产代表性项目名录。

平遥推光漆器髹饰技艺所在的平遥古城较为完好地保留着明清时期县城的基本风貌，是中国现存最为完整的古城之一，1986年被国务院列为国家级历史文化名城，1997年12月3日被联合国教科文组织世界遗产委员会列入世界文化遗产名录。平遥古城自明洪武三年（1370）重建，此后基本保持了原有格局。19世纪至20世纪初期，平遥是整个中国金融业的中心，其中，日升昌票号成立于清道光三年（1823），以"汇通天下"著称。

山西的优质漆树资源和平遥的城市发展、经济繁荣，为漆器制造创造了优越条件，漆器工匠们在造型艺术、装饰工艺等各方面取得长足进步，并在大量的制作中不断推陈出新，尤其是堆鼓、描金彩绘、擦色等技艺，独步一时。

平遥推光漆器的特色技艺

大漆是一种良美的材质。汉代许慎《说文解字》解释："黍，木汁，可以髹物。象形,桼如水滴而下。凡桼之属皆从桼。"①"漆水,出右扶风杜陵岐山东,入渭,一曰入洛。漆,从水,桼声。"②"桼"字是象形兼会意字,像采漆时割开树皮后漆汁流下来的样子,借以表示漆汁。"漆"字是由"桼"字演变而来的,并且逐渐取代前者。因此,"漆"专指从割开的漆树韧皮部流出的一种乳白色液体,可以用来髹涂器物,称"大漆",又称"生漆""国漆"或"土漆"。③

《说文解字》书影

---

① [汉]许慎撰,[宋]徐铉校订:《说文解字》,中华书局,1963年,第一二八页。
② 同上,第二二五页。漆水在陕西境内,属渭河支流。
③ 中国传统漆器是"油""漆"并用的:"油"指的是桐油,"漆"指的是大漆。现在"油漆"和"漆"被普遍用来称呼一种在现代生活中广泛使用的化学合成涂料。为了区别于现代的这种涂料,中国传统的"漆"被称为"大漆""生漆""土漆"等。

第十八讲 平遥推光漆器髹饰技艺

中国是世界上最早发现并使用天然漆的国家。出土于浙江萧山跨湖桥遗址的距今约八千年的漆弓和余姚河姆渡遗址的距今约七千年的朱漆木碗,是早期漆器的曙光。漆器的历史,从史前文明时期绵延至高度繁盛的元明清时期,历经几千年的沧桑岁月。

河姆渡时期朱漆木碗(浙江省博物馆藏)

平遥漆器在推光漆面上描绘纹样的技艺独步漆林。推光,是点石成金的神奇手法。手掌赋予大漆神奇的质变,漆面立刻有了灵气,光彩照人。《髹饰录》记载:"黑髹,一名乌漆,一名玄漆。即黑漆也。正黑光泽为佳。揩光要黑玉,退光要乌木。"杨明注:"熟漆不良,糙漆不厚,细灰不用黑料则紫黑,若古器以透明紫色为美。揩光欲黟滑光莹,退光欲敦朴古色。近来揩光有泽漆之法,其光滑殊为可爱矣。"① 用生漆做推光是平遥漆器独有的特色。具体做法是用漆栓把生漆髹涂在器物上,然后重复地涂抹,这个过程也是一个脱水的过程,完成脱水以后,漆路自然展平。

---

① [明]黄成撰,[明]杨明注:《髹饰录》,民国十六年(1927)刻本,坤集,第一至二页。

生漆推出来的光和制漆推出来的光有所不同。制漆是生漆加黑料,推出来的光漆黑幽深;生漆推出来的光亮度比制漆亮,颜色没有制漆黑,需要放置两三年的时间,漆面才会逐渐转化为夜空般的深邃之黑。

平遥漆器的装饰工艺以堆鼓、描金彩绘和擦色为其特色技艺。由于大漆调配的颜色稠厚,能在漆面上形成微微凸起的线或面,因此被漆艺家着意发挥,形成"识文"和"隐起"两种描饰方法。这是平遥漆器独特的堆鼓工艺。堆鼓画面看起来似乎是平面的,但是细看又有凹凸变化,类似薄意雕的效果。描金彩绘包括黄成所著《髹饰录》中提到的描金、描漆、漆画、描油等。描金彩绘主要是用笔蘸大漆或桐油调制的各色颜料描绘物象,因此与绘画有紧密的联系。与绘画不同,漆器的描金彩绘大量使用金箔、银箔、金粉、银粉、金漆,金银的光泽使得画面更加华美明丽。黄成认为,金如太阳的光辉,"人君有和,魑魅无犯",意思是漆器上用金则器物有光辉,且能辟邪。平遥传统的擦色工艺是用熟桐油描绘图案,然后用丝绵蘸白色铅粉均匀擦附、按压于桐油表层,待铅粉附着稳定,取不同颜色的矿物质粉,用同样的方法擦于铅粉层上,根据工艺手法的不同擦出或实或虚的晕染效果,然后将擦色完成的漆器放入窨房中干燥。干燥后还可在其上进一步描绘和装饰。

堆鼓

漆器装饰工艺中,用堆起的方法表现物象的高低起伏,呈现浮雕的效果,被称为堆鼓。堆鼓分"识文"和"隐起"两种工艺。识文,就是用漆灰或胶灰堆出高于漆面的面或线,较薄。隐起,比识文高一些,有较多的高低起伏变化,似浅浮雕,也叫"高堆"。《髹饰录》记载:"隐起描金,其文各物之高低,依天质灰起,而棱角圆滑为妙。用金屑为上,泥金次之。其理或金或刻。"杨明注:"屑金文刻理为最上,泥金象金理次之。黑漆理盖不好,故不载焉。又漆冻模脱者,似巧无活意。"[①]以识文为基

---

① [明]黄成撰,[明]杨明注:《髹饰录》,民国十六年(1927)刻本,坤集,第八页。

础,有"识文描金""识文描漆""堆漆"等工艺。以隐起为基础,上面可以施加其他工艺,如"隐起描金""隐起描漆""隐起描油""堆鼓描金罩漆"等。这些工艺可以从故宫收藏的明清漆器上看到。清代识文描金瓜果纹方套盒和黑漆堆起描金龙戏珠纹顶箱,纹饰均以漆灰堆起,然后雕琢,最后罩漆。

清代识文描金瓜果纹方套盒(故宫博物院藏)

平遥漆器的堆鼓工艺,从材料到工序都有自己的特色:首先,在漆胎上拷贝图纸,用针扎孔漏粉的方式把设计稿过到漆面上;其次,堆出画面中的人物、建筑、山石、植物等物象;再次,贴上金箔或银箔,用黑漆或彩漆对人物、建筑、山石、植物等勾勒皴染;最后,根据需要罩漆。

清代黑漆堆起描金龙戏珠纹顶箱（故宫博物院藏）

　　堆鼓为平遥传统髹漆工艺，主要有堆灰、隐堆、堆漆三种做法，都用大漆作为主要材料，但是里边的填充料不一样。堆灰是使用大漆加瓦灰等材料，一般堆起的厚度在0.3厘米左右，堆起来之后可以用刀在上边加以修饰或雕刻。隐堆一般是使用大漆，里边不加填充料，堆起的厚度比较薄，不细看与普通的绘画线条无甚区别，用手触摸则能感觉到线和面的凹凸起伏。堆漆是大漆加银朱，银朱有一定的厚度，因此堆漆整体高度没有堆灰高，但是比隐堆略高。

　　堆鼓罩漆就是先堆起，然后贴金或贴银，描绘纹饰，酌情罩漆。银箔色白，罩半透明的熟漆后变黄，看上去也呈金色。用堆鼓罩漆工艺画近山远山，会营造出一种立体感。

描金彩绘

　　平遥漆器的描金彩绘需要借助一些特殊的工具，例如界尺、调色板、调色棒及画笔(尖子)等。平遥漆器用熟漆(生漆配上熟桐油)调色,这是为了适应北方气候干燥的特点,另外,用这样的熟漆调制颜色,显色更好。比如薛生金作品《百猫图》,白色猫毛就很好地体现了平遥漆器用熟漆调制颜色的优势。

描金是把纹样做成金色的各种工艺的总称,是漆器装饰工艺中非常重要的工艺。《髹饰录》"描金"条载:"描金,一名泥金画漆,即纯金花文也。朱地、黑质共宜焉。其文以山水、翎毛、花果、人物故事等;而细钩为阳,疏理为阴,或黑漆理,或彩金象。"杨明注:"疏理,其理如刻,阳中之阴也。泥薄金色,有黄、青、赤,错施以为象,谓之彩金象。又加之混金漆,而或填或晕。"在漆面上绘制纹样,不像在纸上用毛笔画线那样容易。漆液黏稠,漆地光滑如玻璃,漆器艺人凭借多年练习所得的高超技艺控制画笔,画出精美的纹样。描金有多种技法,如贴金、扫金(上金)、泥金、晕金等,再如,在金象上用黑漆描绘的叫"平金开黑",用彩漆描绘的叫"平金开彩"。还可将描金与其他工艺相结合,呈现更多的效果。

描金的具体做法是,首先在漆胎上拷贝纹样,用画笔蘸金胶漆描绘纹样,入窨房。其次待金胶漆干燥脱黏,即指叩有"啪啪"声、手指不沾漆时可以贴金。用金夹子把金箔粘贴在金胶漆上,用毛笔扫去多余金箔并回收。最后在其上罩漆,就完成了。明代的黑漆描金龙戏珠纹药柜器型别致精巧,药柜内部中心有旋转式抽屉八十个,两旁各有长屉十个,每屉分为三格,共能盛装药品一百四十味。柜门最下层有三个大抽屉,可以放置取药工具。柜背面描绘松竹梅三友图,并书"大明万历年制"款。器里外均髹黑漆为地,绘云龙戏珠和花卉图案,纹饰华贵典雅,金色深浅浓淡运用自然,远近层次分明,是描金漆器的代表作品。除有黑漆地描金、朱漆地描金和其他色漆地描金工艺外,还有与彩漆、堆漆等工艺相结合的漆器制造,并出现了与瓷、紫檀木、斑竹及其他材料相结合的描金漆器,把两种或两种以上的工艺运用到一件漆器之上,丰富了漆的表现力。

明代红漆描金山水人物大圆盒（故宫博物院藏）

明代黑漆描金龙戏珠纹药柜（中国国家博物馆藏）

  彩绘是指用大漆或者桐油调制成各种色漆，以特制的画笔描绘纹样，分为描漆、描油等。彩绘漆器描绘技法成熟，表现力强，颜色丰富，灿烂如锦绣。彩绘主要是用笔描画，因此与绘画有非常紧密的联系。在彩绘漆器上，山水、人物、花鸟题材都很精美，且手法娴熟，能看到绘画的影响。

《髹饰录》记载："描漆，一名描华，即设色画漆也。其文各物备色，粉泽灿然如锦绣。细钩皴理以黑漆，或划理，又有彤质者，先以黑漆描写，而后填五彩。"杨明注："若人面及白花、白羽毛，用粉油也。填五彩者，不宜黑质，其外匡朦胧不可辨，故曰彤质。"用色漆描绘纹样是战国、秦汉时盛行的工艺，源流可以追溯至新石器时代。《清代匠作则例汇编》有记载："平面画彩漆穿花凤，番花、博古、龙草、金钱菊，拘泥金，七扣净，每尺用：严生漆三钱，笼罩漆三钱，石黄一钱，广花一钱，潮脑一钱，漆朱一钱，朱砂一钱，雄黄一钱，南轻粉一钱，赭石一钱，红花水一钱，鱼子金五张，红金八帖一张(如烘飓金用金照此例)，彩漆匠一工半。"

《髹饰录》记载："漆画，即古昔之文饰，而多是纯色画也。又有施丹青而如画家所谓没骨者，古饰所一变也。"杨明注："今之描漆家不敢作。近有朱质朱文、黑质黑文者，亦朴雅也。"

描油则以油(多为桐油)代漆调制颜料。油与漆不同，但也能调制出鲜艳的色彩，所以《髹饰录》"描油"条记载："描油，一名描锦，即油色绘饰也。其文飞禽、走兽、昆虫、百花、云霞、人物，一一无不备天真之色。其理或黑、或金、或断。"杨明注："如天蓝、雪白、桃红则漆所不相应也。古人画饰多用油，今见古祭器中有纯色油文者。"《清代匠作则例汇编》记载："平面画彩油西番花番草，拘泥金，七扣净，每尺用：画油四钱，银朱一钱，雄黄一钱，朱砂一钱，石二绿一钱，石三绿一钱，天二青一钱，天三青一钱，鱼子金五张，红金八帖一张，彩漆匠一工半。"

在多数情况下，油和漆是混合使用的，油的比例愈大，色彩的纯度愈高。彩绘如果与晕金、泥金、勾金、贴金或其他工艺相结合，会更加光彩夺目。清代的彩漆描金喜相逢纹圆盒，通体髹黑漆地饰彩漆描金纹样，用金、红、黑、灰、黄等色描饰双蝶纹，盖和器壁描饰团花双蝶。在传统图案中，蝴蝶含有喜庆之意，双蝶对舞组合有"喜相逢"的寓意。

清代彩漆描金喜相逢纹圆盒（故宫博物院藏）

擦色

擦色是平遥推光漆器技艺的一种特别工艺，以前主要用在家具制作上。薛生金的儿子薛晓东画了一幅《洛神图》，他就用擦色工艺来表现水面、云雾的隐约、缥缈。漆器的很多装饰工艺，比如镶嵌、雕漆、雕填等会给人特别实的感觉，但是擦色能做出类似水墨晕染的虚实相生之感。《髹饰录》中的"干着"就是指擦色，"又有各色干着者，不浮光，以二色相接为晕处多为巧"。杨明注："干着，先漆象，而后傅色料，比湿漆设色，则殊雅也。"黄成认为干着这种工艺不浮光，二色相接，晕染尤其巧妙。杨明认为这种工艺比用漆色描绘更雅致。

擦色工艺的难点在于把握分寸：桐油未干即擦色，则不鲜亮；桐油已干，则色粉粘附不牢。擦色工艺类似贴金，最终效果依赖漆器艺人的经验判断。

擦色工艺表现浅色画面效果是极好的，这在一定程度上弥补了漆色大多深而亮，很难表现高明度、高纯度颜色的短板，且形成的亚光效果含蓄雅致，是漆器工艺中特立独行的小清新。平遥曾流行一种擦色描金的家具，擦色后以红漆勾画纹理再贴金箔。由于描金漆器表层缺少漆的保护，铅粉及金箔容易磨损、剥落。然而，老式漆器上斑驳的铅粉和漆面，别有韵味。

平遥推光漆器的制作

漆器制作的主料为大漆和桐油，平遥推光漆器亦然。平遥推光漆器的制作具有地方性特色的其他辅料和工具主要有描绘纹样用的尖子和界尺，以及用于灰胎的土子。

主料和辅料

大漆

直接从漆树上采割下来的漆液会有杂质，因此要对大漆进行加工，加工又分为简单加工和精制大漆。简单加工分为滤漆、晒漆、煎漆；精制大漆就是通常所说的"制漆"，即调节其固化速度，提高其光泽度、透明度和附着力，使之适合不同工艺的要求。经过加工精制的大漆，漆业内称作"熟漆"。

大漆是漆树韧皮部流出的汁液

大漆在空气中氧化后呈现暖黑色,添加朱砂等矿物颜料,可以调制出各种颜色。能入漆的颜料有朱砂、银朱、赭石、石黄、石青、石绿、铅粉、煤烟等,再加上泥银、泥金,镶嵌金属、螺钿、宝玉石等的运用,在几千年的发展中,大漆髹饰的器物一直是以华丽缤纷、雍容精致的面貌流传于世。

桐油

桐油是漆器重要的辅助材料,也是沿用已久的传统油漆材料。用于漆器制作的是熟桐油,熟桐油中使用最多的是坯油。坯油是用纯桐油熬制而成,过程中不加任何催干剂。坯油可与大漆混合,调配出干燥性、透明度各不相同的大漆,以适应不同工艺的要求。

其他辅料

调制漆灰的辅料多以砖瓦磨成的灰为主,也会酌情选用锯木粉、黄土等。

描饰材料有金、银、铜、锡、铝等金属制成的箔或粉料,也常以熟桐油加大漆调制颜色,或主要用熟桐油调制颜色。能入漆的颜料是不溶于溶剂、油、树脂类介质的微细粉末。这要求颜料本身具有很强的着色力,并且在漆膜干燥时的氧化聚合反应下有很高的化学稳定性。因此,只有不与漆酚发生化学反应的惰性贵金属,如金、银、汞等才能入漆。在大漆中最早使用的多是天然无机颜料,如红色的赤铁矿、朱砂,黄色的赭石、石黄(雄黄和雌黄),绿色的石绿,蓝色的石青,黑色的煤烟等。描金彩绘时多用山猫脊毛所制的勾线笔(尖子),还会用到界尺。

镶嵌材料有螺钿、蛋壳、石料、金属及玉料。

打磨主要以水砂纸、炭块、砥石为主。抛光多以瓦灰掺麻油,用头发团来推出漆器的光泽。

漆刷是髹漆最重要的工具,俗称"漆栓",《髹饰录》中称其为"雨灌"。制作原料主要有人发、牛尾、猪鬃三种。平遥漆器多以人发所制成的发刷髹漆。

制作工序

平遥推光漆器的制作主要分为五道工序,包括制胎、灰胎、髹漆、画工、镶嵌。下文着重介绍前四道工序。

制胎

平遥推光漆器的胎体以木胎居多。木胎是以木材制作的漆器胎骨:家具类有屏风、坐屏、桌几、挂屏、箱、柜等,器物类有圆物盘、盒、碗、瓶、罐等。木胎须结实牢固,在制胎前要注意木材的选用和处理。

灰胎

木胎制成后开始灰胎的制作。在制作灰胎前首先要全面检查木胎,如有裂缝、瘢痕,需要嵌补。填充时需要配制60%的生漆加40%的糯米糊,再加入适量木碎粉,待干燥后削去多余的填料,使木胎整体平顺。将木胎的表面薄涂一层生漆,以防止水分渗入木胎导致腐坏变形。

薛生金作品山水方盒

  为了使木胎牢固,需要对其进行裱布。裱布可以使用苎麻布、纱布、丝织品等。平遥推光漆器裱布一般用纱布,在木胎外面裱一层纱布,需用40%的生漆加60%的糯米糊做粘接剂,要求布与胎面严密结合。

  裱布之后刮灰,灰一般分为粗灰、中灰、细灰。首先刮粗灰,粗灰需要用40%的生漆加20%的糯米糊以及40%的砖灰。还可以适当加一些土子,调成泥状刮在裱布的胎型上。干燥后用砂纸打磨并擦拭干净。其次刮中灰,中灰需要用四成的生漆,其余六成里,用30%的糯米糊、25%的细砖灰、30%的黄土细粉、15%的水调成泥状刮在粗灰上,待干燥后,进行砂磨至平顺光滑。最后刮一层细漆灰,细漆灰需要用等量的黄土细粉和细砖灰加入45%的生漆,加入清水,调成泥状便可使用。待干燥后用砂纸蘸水打磨至平滑,使胎面光滑平整。刮灰要均匀细密,不要出现薄厚不均、漏刮的情况。

髹漆

在灰胎上髹漆一般要上五至八道漆，每道漆后都要入窨房干燥，然后用细砂纸轻轻打磨，晾干后再髹涂下一道漆。最后一道漆为面漆，要把漆处理干净，不能留有丝毫的杂质。髹涂面漆要求无尘、无痕、无皱。面漆一定要干透，并要有一定硬度，否则抛光后亮度不够。

推光是平遥推光漆器工序里最核心的部分。首先用较细的砂纸磨好漆面，再用特制的头发丝将其洗净，用棉布蘸带有食用油的细砖瓦灰推光。经过推光的漆膜柔亮如镜，光彩照人。

画工

画工，亦称漆画、描漆、描华，即以漆描画。做法是将各种颜料及金、银粉入漆，调制成各种色漆，以黑、红、紫、黄等各色漆胎为画布，以特制的画笔为工具，精心描绘。画工在平遥推光漆器的制作中主要是描金彩绘，大概分为如下几个步骤。

第一个步骤，用针在设计好的图纸上扎出相应的孔眼，将扎好的图纸置于漆器表面，用滑石粉擦在漆面上并用黄色胶水顺着铺好的滑石粉勾出画面。

第二个步骤，根据画面调配好漆色，描绘时要注意均匀、平整，描绘完毕，入窨房干燥。描绘要求配色合理，薄厚适度，形象准确，线条饱满流畅，注意起笔和收笔的变化。

第三个步骤，待漆膜干燥后描绘。描绘使用平遥特有的尖子笔，用尖子笔描绘出的纹样尤其出色，因此大家对平遥特有的尖子笔趋之若鹜。若画中有建筑物需要画大量直线，则使用特制的界尺。在光滑的漆胎上绘制精细的线条，绝不像在纸上用毛笔画线那样容易，完全是凭借技师的基本功控制画笔画出纹样、筋脉。描绘时，可以纯用色彩描绘纹样，也可以与描金相结合，描金后的效果会更加光彩夺目。

如前所述，描金就是把纹样做成金色的各种技法的总称，包括晕金、泥金、勾金、贴金等，技法多样，应用广泛，是漆器装饰工艺中非常重要的工艺。用尖子笔蘸金胶漆在漆面上描绘纹样，入窨房干燥。金胶漆干燥脱黏时，可以贴金。贴金后再入窨房干燥。贴金后的漆面还可以进一步装饰，比如采取平金开黑、平金开彩技法，用黑漆、彩色漆勾勒出漆器图案所需的线条。在朱地、黑地上描绘的金色纹样富丽精美。

如果做堆鼓工艺，则在第一个步骤之前增加堆鼓的操作。用滑石粉、白乳胶漆、水各三分之一调为糊状。用堆鼓的方法将山石、树木堆起来，晾干后进行砂磨，再上一层漆进行封闭，然后在其上描金彩绘。

平遥漆器与日常生活紧密相连，无论是供饮食用的勺、盘、耳杯，供起居用的案几、床、屏风、箱、柜，还是梳妆用的奁、盒等，均漆质坚实，色泽古雅，于淳朴中彰显富丽。

平遥推光漆器髹饰技艺的传承人

1917年，平遥城内漆工乔生瑞、任茂林等六人合资开设"合成铺"，从事漆器生产。1958年，任茂林请到乔泉玉、米修文、尹丽穗等漆器老师傅，在平遥成立了平遥县手工业联社推光漆器合作厂。同年，薛生金进入推光漆器合作厂，跟随师父乔泉玉学习绘制漆器，后来他在平遥漆器的技艺整理和发展、完善上发挥了重要的作用，在继承前人经验的基础上不断发展，更有所创新。在薛生金等漆器艺人的努力推动下，从1964年开始，堆鼓罩漆成为平遥漆器的当家工艺，同时，堆鼓青绿山水、金碧山水及搜金、沥金、沥银、沥螺等独具特色的新工艺也逐渐发展起来，这些技艺为平遥漆器的发展带来了新的活力。

平遥推光漆器髹饰技艺领域现在有三位中国工艺美术大师。

薛生金，出生于1937年，国家级非物质文化遗产代表性项目平遥推光漆器髹饰技艺代表性传承人，中国工艺美术大师。1958年进入平遥推光漆器厂，师从老艺人乔泉玉。他在继承传统的基础上大胆创新，创造了推光漆器的堆鼓青绿山水、金碧山水、三金三彩、沥金、沥银、沥螺等新工艺，促进了漆器工艺的发展。其代表作漆画《玉宇琼楼》《台山晨曦》在全国首届漆画展览会上获优秀奖,漆画《琼山初曦》、屏风漆画《万千山楼正曙色》被中国工艺美术馆收藏,屏风漆画《春苑献翠》《神州韵史》和彩绘宫廷柜在全国工艺美术品评比活动中获奖。

薛生金作品屏风漆画《三金三彩明宫乐韵动长安》

梁中秀,出生于1955年,国家级非物质文化遗产代表性项目平遥推光漆器髹饰技艺代表性传承人,中国工艺美术大师。1972年起师从中国工艺美术大师薛生金。1980年在四川美术学院进修。多年来致力于漆艺事业,并不断攀上新的高峰。他的漆艺作品具有一种壮美的艺术感染力。代表作品有:1990年与薛生金大师合作的屏风漆画《神州韵史》,获中国工艺美术百花奖金奖;2008年漆画《金色年华》,荣获世界手工艺大会暨中国工艺美术大师精品展金奖;2011年漆画《月下荷塘》,荣获全国漆器精品展金奖;2013年漆画《秋染三峡》,荣获中国工艺美术大师精品展金奖;为人民大会堂山西厅设计制作了大型屏风漆画《黄河壶口》《五台胜境》;漆画《山西风光》被中国国家博物馆收藏。

梁中秀作品大型屏风漆画《黄河壶口》陈列于人民大会堂

薛晓东，出生于1962年，中国工艺美术大师。1983年在福州大学工艺美术学院学习，1994年在中央工艺美术学院（现为清华大学美术学院）深造。薛晓东自幼跟随父亲薛生金学习漆艺，漆画《故土》入选第九届全国美术作品展；漆画《喜悦》入选首届中国漆画展，获优秀奖，并入选首届中国国际双年展序列展——中国漆画展；漆画《惊蛰》入选中国中青年艺术家精品展；漆画《矿工》入选厦门中国漆画展；漆画《平安愿》入选"从河姆渡走来"——2005中国现代漆艺展；漆画《闹春图》获扬州"漆画杯"漆艺展金杯奖。现为中国工艺美术协会漆器专业委员会会员，中国美术家协会会员。

第十八讲　平遥推光漆器髹饰技艺

薛晓东作品屏风漆画《洛神赋图屏风》(局部)

公开课主讲人宋本蓉与主持人张弼衍合影

历代漆器艺人为平遥推光漆器髹饰技艺的传承发展奠定了坚实的技艺和文化基础。平遥推光漆器能够如此光彩夺目,得益于像薛生金老先生这样的艺术家的不懈努力,得益于他们日积月累练就的精湛技艺。

（整理者：宋本蓉）

第十九讲

李成杰与四大怀药种植与炮制

诸国本　主讲

诸国本

诸国本（1935— ），曾任国家中医药管理局副局长、中国民族医药学会会长。从事卫生防疫、中医临床、中医药、民族医药管理及研究五十余年。著有《西宁中草药》《医门清议》《医道与文采》《中国民族医药散论》《医林朝暮》《民族医药与民族文化》《中医药如何在困境中突围》及《梦边吟诗稿》等。曾任国家非物质文化遗产保护工作专家委员会成员，国家级非物质文化遗产代表性传承人记录验收工作专家。

何谓四大怀药

"四大怀药"是河南古怀庆府出产的地黄、山药、牛膝、菊花四种道地药材的总称,习称分别为"怀地黄""怀山药""怀牛膝""怀菊花"。

河南古怀庆府即现在的焦作市辖区,包括今武陟、博爱、沁阳、温县、孟州、济源等县。传说武王伐纣,废邢丘为怀。以后历代将这片土地称为怀,如怀邑、怀川、覃怀、怀州、怀孟、怀庆等。历史文献《禹贡》中称"怀",《神农本草经》称"覃怀地"(怀川),北魏以后称"怀州",元称"怀孟路",明、清称"怀庆府"。

这里地处太行山南侧、黄河北岸,沁河下游,为黄河沁河冲积平原;土层深厚,土质独特,土壤肥沃,地下水丰富;气候温和,四季分明,雨水充沛,春不过旱、夏不过热、秋不过涝、冬不过冷,非常适合根茎类植物如山药、地黄、牛膝等的生长。比如,种植怀山药,土地一定要厚实。如果地下有很多石头,它就长不成粗壮笔直的铁棍山药。菊花喜温耐寒,需要阳光充足和湿润不燥的环境,所以此地的菊花长得也特别好。《神农本草经》记载:"山药以河南怀庆者良。"《本草纲目》记载:"今人惟以怀庆地黄为上。"宋代药物学家苏颂曾称赞:"菊花处处有之,以覃地为佳。"

何谓道地药材

从怀药的命名中我们发现,某些中药的命名,往往将产地冠在药名前面,如同商品的品牌一样,如怀山药。这里涉及一个道地药材的问题。

在古代，国家没有统一的、明文规定的药材标准，也很难召开专家会议，共同拟定并通过一个药材标准，然后由政府颁布，令全国执行。在自然经济条件下，药材的概念、身份和品质，一靠行业口碑，二靠本草记载。行业口碑就是药农、老药工等群众的经验。大家公认某地的某个药质量好，它就有了口碑。如果这个药被载入某一部本草书里，特别是权威性的本草著作里，就进一步得到了社会的公认。

中药品种很多，明代的《本草纲目》载药1892种。1999年出版的《中华本草》，载药8980种。常用中药有400—600种。中药产地分布于全国各地，所谓"一方吃全国"。例如常用的"四君子汤"，由人参、白术、茯苓、甘草四味药组成。人参产于吉林，白术产于浙江，茯苓产于云南，甘草产于内蒙古，一张药方里的药材，来自四个省、区。一些药味多的方子，就更不用说了。多处生产药材，就有了选择和比较，在比较中就出现了道地药材。

道地药材具有原产地、原生态、货真价实、名不虚传的特点，指的是特定产地生产的某种药材，品质优良，加工炮制精细，产销历史悠久，疗效声誉上佳等。在行业内部，久而久之，"性随地变，质从物迁"，这个药的质量成了民间公认的药材标准。大家一说起某种药材，马上就会想到某地生产的最好。具体地说，道地药材必须具备三个基本条件：第一，药材质量好而且稳定；第二，产地或集散地相对集中；第三，产量丰富，供应充足。这"三好"成了道地药材的标准。

直到今天，临床医生还是相信道地药材，国家还是提倡发展道地药材。一些老中医开处方的时候，在药味前面专门标出道地药材的名称，如云茯苓（云南的茯苓）、新会皮（广东新会的陈皮）、杭白芍（杭州的白芍）、川黄连（四川的黄连）以及怀山药、怀地黄、怀牛膝、怀菊花（河南古怀庆府的山药、地黄、牛膝、菊花）等，要求入药的中药饮片，必须是道地药材。另外，在长期应用过程中发现，同样的药材，产地不同，药性也有差异。因而标出药材产地，可以区分两种基原基本相同、性味略有差异的药材，如怀牛膝与川牛膝，同属苋科植物牛膝的根。河南的牛膝叫怀牛膝，四川的牛膝叫川牛膝，两者均能活血通经，补肝肾，强筋骨，利尿通淋，引火（血）下行。区别是，怀牛膝长于补肝肾、强筋骨，川牛膝长于活血通经。又如怀菊花与杭菊花，都是菊的干燥头状花序，因为菊科植物极其广布，许多地区都出产，有亳菊、滁菊、杭菊、怀菊等品种。如何使用，一般取决于医生的用药习惯。

不过，道地药材的产地也不是一成不变的。随着自然条件的变化、药材品种的退化、新产地的兴起，以及生产经营能力的差异等原因，某个道地药材产地，可能会转移到另一个地方。比如三七这味中药，以前处方上写"田七"或"田三七"，因为当时广西田阳一带生产的三七非常有名，道地药材都冠以"田"字。现今云南省文山的三七栽培成功，质量上乘，超过了田阳的野生三七，成了新的道地药材。

四大怀药的药食两用价值

怀地黄、怀山药、怀牛膝、怀菊花四大怀药，之所以称"四大"，是因为它们都是常用药，药用价值高，用量大，销售多，收益丰。其中山药、菊花更是药食同源的重要食材，应用十分广泛，经济效益巨大。

地黄为玄参科植物地黄的块根，药用分生地黄和熟地黄两种。生地黄属清热凉血药，具有清热凉血、养阴生津的作用，如治疗原发性血小板减少性紫癜、功能性子宫出血，用生地黄、黄芩、苦参加水煎服。熟地黄属补血药和滋阴补肾药，具有补血养血、填精益髓的功用。中医理论讲肾生精，肾主骨，骨生髓，所以熟地黄填精益髓。常用中药方剂六味地黄丸，就以熟地黄为君药。

怀山药为薯蓣科植物薯蓣的根茎，以个大、质坚、粉足、洁白、久煮不散为上品。山药是补脾药。补什么虚？主要是补脾虚。它的功用是补脾养胃、生津益肺、补肾涩精，为"三焦平补之药"。明代著名医学家龚廷贤著有《寿世保元》一书，其中第一次提出"怀山药"这个名称。近代医家张锡纯善用山药。据说有位妇人三十多岁，腹泻长达几个月，多方求医，百药无效，生命垂危。张锡纯只开了一味山药，嘱咐其家人将山药轧细煮粥，让病人每日服用三次，两天后腹泻便止住了。中药补肾阳虚的金匮肾气丸、补肾阴虚的六味地黄丸,都用山药。中医讲,肾为先天之本,脾胃为后天之本。熟地黄主要补肾,怀山药主要补脾,可见这两味药的重要性。

怀牛膝为苋科植物牛膝的根。它呈圆柱状,茎有棱角,节部膨大,状似牛的膝盖,故名牛膝。《本草纲目》称牛膝"滋补之功,如牛之多力也"。怀牛膝属于活血化瘀药。一般妇女经血不调需要活血化瘀,跌打损伤需要活血化瘀,都用牛膝。牛膝活血化瘀,疏利降泻,引火(血)下行,多用于下体之病。

怀菊花为菊科植物菊的干燥头状花序,是解表药里的疏散风热药。常用的感冒药桑菊饮就是由桑叶、菊花制成的。除了疏散风热以外,菊花还有平抑肝阳、清肝明目、清热解毒的作用。有些高血压病人、肝阳上亢者,宜喝菊花茶。屈原在《离骚》中,曾有"夕餐秋菊之落英"之句。从汉代起,重阳节有饮菊花酒的习俗。"怀菊花"这个名称,最早出现在《唐本草》中:"河内皆称地薇蒿,武陟菊花称怀菊花。"《本草纲目》有"菊花作枕明目"的记载,就是将菊花晒干,装入布袋中做枕芯,名"菊花枕"。菊花平肝,有醒脑明目的作用。

四大怀药的种植、炮制与流通

中药包括自然界的植物、动物和矿物,尤以植物为多,故又称本草。由于药材使用量日益增加,自然资源日趋匮乏,一般小品种通过野生采集,大宗药材基本上都靠种植、养殖,至今有两百多种常用中药是人工种植或养殖的。到2020年底,全国药材种植面积约8939万亩。

怀药的栽培历史非常悠久。公元前734年,卫桓公曾把怀山药作为贡品进献给周平王。汉代墓葬的出土文物里,就有陶制山药及蒸煮器。东汉医家张仲景在《伤寒杂病论》里提及薯蓣丸。薯蓣就是山药。

明清时期,怀庆府种植怀药并加工炮制已非常普遍,道地药材之名,已为人称颂。当时的怀庆府怀药产量大,品质优,商户众多,行帮发达。乾隆五十四年

(1789),怀庆府河内县县令范照黎有诗曰:"乡民种药是生涯,药圃都将道地夸。薯蓣篱高牛膝茂,隔岸地黄映菊花。"范县令作为地方官,真实地描绘了当地农民以种植四大怀药为生的情景,很有广告作用。民国时期,因战乱频仍,怀药种植面积迅速下降。1949年以后,怀药种植面积逐步扩大。20世纪60年代初,在"以粮为纲"政策下,怀药生产"上山""下滩",转移至山上和滩涂地,集中在沁河两岸和黄河滩区,种植面积缩小很多。改革开放以后,四大怀药恢复发展,以温县、武陟、沁阳和博爱为主,种植面积逐年扩大。至21世纪初,四大怀药的种植面积达到了约二十四万亩。其中山药因为食药同源,市场需求量更大,周围的河北、山东、山西、陕西等地也大面积种植,甚至超过了焦作地区的规模。但四大怀药的经济地位和文化地位,始终没有动摇。

为了保证药材质量,国家和焦作地区分别制定了怀药无公害生产技术操作规程,对育种、选地、整土、育苗、施肥、病虫害防治等做出了严格规定。

怀山药的根茎粗壮笔直,形似铁棍,种植时要把田土挖得很深。春分时节,先把上一年收获的山药,分段截成6—8厘米,用石灰水消毒,晾晒后,做山药的"种栽"。上一年冬天早已深翻好了的大田,正在等待山药下种。药农把种栽排列在沟垄中,用土盖住。山药种栽在土里生根、发芽,到5月就会长出小苗。这时候,就要给药秧搭架。旧式种植是不搭架的。山药是薯蓣科植物,攀缘茎蔓延缠绕,一大堆茎叶披散在地上,通风不良,叶片不能充分利用阳光,对光合作用不利,影响地下根茎的生长。于是,自1985年始,改成搭架栽培。6—9月是山药的生长季节,田间管理是关键,这时要多次施肥、浇水、除草。立冬时候,当山药的茎叶全部枯萎,就可以起土收获了。

地黄也是根茎类药材,对土壤要求比较严格,种植时宜选择土层深厚、疏松肥沃、排水良好的沙壤土,酸碱度为中性或微酸性并富含有机质为宜。苗期管理方面,中耕除草两次,不宜频繁,恐伤及幼苗根系,导致死苗。药苗需要充足水分,特别是块根膨大时必须勤于灌水,却又不能过多、过湿,造成积水。在地黄出苗一个

生长期的怀山药

月后,地下根茎会生长出2—3个芽,这些后来生长出的芽必须拔掉,每株留一棵壮苗即可。花期要适时摘蕾,把多余的花蕾摘去。

怀山药和怀地黄的种植都有一个换茬问题。怀山药的根茎对土壤养分(地力)吸收能力强,同一块地,五年之内只能种一次怀山药,不能"重茬",即一次收获以后的五年之内,只能种其他普通作物。如连续种怀山药,产量和质量则会非常低劣。这是怀山药种植的一个重要特性。

种植地黄时,除选择土质良好的田地以外,还要避开种过红薯、土豆等块茎类植物的地块,否则将影响地黄产量。一般要求,种植怀地黄的土地,八年内不能"重茬"。

晾晒、上焙、焖放是四大怀药最基础的炮制工序。

山药用麸炒。所用麦麸必须筛去细小的粉末,留下片状的麦麸。一般用10—

15克的麦麸,去炒100克左右的山药。翻炒时用小火或中火,待麦麸发黑、山药发黄即可出锅。

熟地黄要九蒸九晒。鲜地黄不易保存且价值不高,药农们通常把它烘焙、加工成生地黄。焙地黄时,须由专人看火,掌握火候,温度要匀,还要经常翻焙。焙好的地黄经过浸泡清洗,不加辅料蒸至发虚,出锅晾干后,拌入当地特有的黄酒和砂仁,又经晾晒,再次蒸制。如此反复,九蒸九晒,生地黄就炮制成了性温味甘的熟地黄。

在四大怀药的种植与炮制中,种植的重点是山药,炮制的重点是地黄。

中药材的经营历史相当悠久,是我国市场经济发育较早的一个领域。中药品种多,产地分布于全国各地,治病救命是大事,自然形成药材交流的必要性和紧迫性,促进了药材商业的繁荣发展。

最初,各药材产地自然形成初级药市。农历逢五逢十,逢年过节,农民摆个药摊售卖,成圩成市。后来经营规模日益扩大,加上远道而来的大宗药材,逐渐形成行帮组织。药材经过行帮的经营推销,流通到全国各地。药材集散地的药市,出售饮片及丸散膏丹的老字号中药店、中药铺,随之而生。

药材行帮组织分布于各药材产地,比如山西帮、十三帮、樟树帮等。其中进行怀药交易的行帮,称为"怀帮"。明清时期,怀帮崛起,为四大怀药的发展做出不小贡献,曾有"十三帮一大片,不如怀帮一个殿"之说,可见当时怀帮行商和怀帮会馆的盛况。

1949年后,从中央到地方都建立了药材公司,分省、市、县三级药材收购站,大部分县设有药材公司,传统药市依然兴旺发达。因为药材属于性命攸关的特殊商品,不是一般农副产品,不允许随便买卖,必须加强管理。20世纪90年代初,国家对地方药市进行了规范,全国批准保留了十七个药市,如河北安国药市、安徽亳州药市、河南禹州药市、江西樟树药市等。随着改革开放的深入,国家建立了中药材现代收购销售渠道,过去的行帮组织就成为历史了。

传承人李成杰

2008年6月，中药炮制技术列入国家级非物质文化遗产代表性项目名录。2009年，李成杰被评为这个项目的国家级代表性传承人。

李成杰正在处理怀山药

李成杰是河南省武陟县人，出身怀药世家，八岁起就跟着父亲种植与炮制怀药。武陟是四大怀药的种植基地之一。李成杰在这样的环境里成长，对怀药种植很感兴趣，潜移默化地学习、积累了很多生产经验，形成了他独有的知识体系。但他原本不是学医药的，没有受过系统的医学、药学教育，一开始并未从事怀药相关工作。

第十九讲　李成杰与四大怀药种植与炮制

1952年1月,李成杰毕业于沁阳中学师范部,此后当过教师、《沁阳日报》副总编、广播站副站长,还在教育局、气象局、民政局、地名委员会地名办公室等部门工作过。他文化水平较高,阅历丰富,眼界开阔,工作起来有一股韧劲。1981年他四十九岁,他罹患重病却幸运逃过一劫。这一经历成为李成杰决心投身药材种植与炮制研究的重要契机,他意识到药材对生命健康的重要性,开始了对四大怀药的种植与炮制的系统探索。从此,他的认识有了提高,逐渐意识到发展怀药不仅是个人的兴趣,而且是一项值得终身投入的事业。

千百年来,四大怀药由野生驯化而来。一代一代的药农积累了大量经验。这是极其珍贵的非物质文化遗产,可惜大多随风飘逝了。李成杰积极继承和发展怀山药传统种植方法,保留原来的怀山药品种,引进驯化野山药,不断探索山药的重茬种植现象。怀山药是攀缘草质藤本植物,1986年他提出为山药搭架,使山药在地里通风良好,采光增加,结果怀山药长势良好,产量大大提高。

怀山药种植的瓶颈是不能重茬。在一个地方种了山药以后,几年内不能再种,不然会产量下降、病虫害增加、抵抗力降低。面对这种情况,必须更换种子,由新品种来替代。同时需要改进施肥,改良土壤。山药不能重茬的原因,一是土壤里缺乏必需的微量元素;二是山药线虫病比较严重;三是山药自身分泌一种毒素,这种毒素污染了土壤,使山药容易得病,长不好。经过多方考察,李成杰发现施牛粪的田地怀山药长得很好。于是他就加大牛粪的量,基本不施化肥。他还发现山药种栽需要每年更换,不然会导致品种退化、产量下降。于是,他寻找各种各样的野生山药、原始铁棍山药,把他所见到的、认为好的野山药引进回来,种到自己地里,借以改良怀山药的品种。经过多年驯化,好中选好,优中选优,他获得优质种栽,并分享给大家。

李成杰的引种、扩种、驯化怀山药,是人与自然既共生又博弈的体现,在某种程度上推动了怀山药品种的遗传进化,并在农作物的野生和驯化中间,起到了承上启下的作用。此外,他在水、肥、土、种、田间管理、防治病虫害及使用化肥、农药等一系列问题上，都有周密考虑和真知灼见。

李成杰在地黄炮制方面也积累了不少经验。生地黄变成熟地黄，要经过九蒸九晒的工序。炮制地黄的方法是，先让鲜地黄缩水，把水蒸发掉。然后焙干，再蒸，变成熟地黄。焙地黄对火候要求极高。刚挖回的鲜地黄经过晾晒，择去泥土、枯叶，装进网状编织袋中，在蜂窝煤炉子上焙，并随时调节温度，使地黄均匀受热。烘焙三四天后，个儿小的地黄就已经焙好了。凡外面是硬的、里面芯是软的，就已是成货，要依次取出。后来，在扩大再生产中，烘焙的设备、方法均有改进，但李成杰上述基本经验和原创思想也得到继承。此外，李成杰还将太行山悬崖上的石菊移植、驯化，取名"怀庆崖菊"，对改良怀菊花的品种，起到一定的作用。

在现代中医药高等教育中，中药栽培、中药加工炮制，都有相关的专业。但道地药材的概念、道地药材的种植和炮制，不但依然活跃在中医临床和中药生产中，而且已被载入中药教科书。随着社会进步和人民生活水平不断提高，医疗覆盖面扩大了，需要服用中药的人群就增多了。近几十年来，中药供应量持续增长。20世纪80年代，全国中药的种植面积是六七百万亩，现在快到一亿亩了，但传统医药继承、发展，仍然任重道远。

中医有中医的长处，西医有西医的长处，应当贯彻中西医并重的方针，中西医要互相学习，团结合作，共同奋斗，充分发挥中西医药并用的优势。

（整理者：诸国本）

第二十讲

七十味珍珠丸赛太炮制技艺

诸国本 主讲

藏医药历史悠久,理论体系完整,临床疗效显著,不仅是我国民族医药的重要代表,而且具有广泛的国际影响。

谈起藏药,首先得讲藏药材。藏药材主要生长在青藏高原,仅有少量药材靠进口,如藏红花、诃子、檀香、沉香等。青藏高原是我国最大、世界上海拔最高的高原。那里地势和气候条件复杂而又独特,光照和地热资源丰富,冻土广布,气温低,温差大。大部分地区多雨、多雪、多风。植被随海拔变化垂直分布,动植物呈热带、亚热带、温带、寒带多样性分布特征,种类比较丰富,其中药用植物达一千多种,包括平原地区少见的物种,如著名的药材藏茵陈、红景天、雪莲、冬虫夏草,等等。另外,矿产资源也很可观。"七十味珍珠丸赛太炮制技艺"就涉及多种藏药,其中包括矿物类药材的使用和炮制技艺。

独特的藏医药

藏医学与中医学在文化背景、医学体系、医技方药方面都有很大不同,但也有一些互相借鉴的地方。比如中医脉诊,是三个指头触摸掌后高骨腕横纹下桡动脉搏动处,以中指定关位,下前后二指,共三个部位,叫寸、关、尺。藏医脉诊也在同一部位,叫冲、甘、恰。这可能是向中医学来的。同时,中医向藏医学习的地方也很多。如藏医的眼科、药浴及不少药物在唐代以后不断地传入中原。

藏医的治疗方法有四种:第一是饮食,第二是起居,第三是药物,第四是外治。藏药主要是粉剂或丸剂,这点和中药不完全相同。中药有丸散膏丹,但主要用汤剂。汤剂是把若干种饮片根据配方放在一起煎煮。譬如麻杏石甘汤,把麻黄、杏

诸国本讲解藏医药

仁、石膏、甘草煮成汤药,汤药服下,药渣就倒掉了。但藏族人民喝汤药比较困难。藏族聚居地区基本上是牧业生产,因游牧生活而经常流动,藏族聚居地区燃料也缺(常以牛羊粪做燃料),煮汤药、喝汤药很不方便。藏药常被制成粉剂和丸剂,吞服方便,携带也方便,不留药渣,还节省药材。

传统医药大都就地取材,很多药材都是当地的植物、动物和矿物。例如中药,一部分靠医生自己采集或种植,叫自种自采、自制自用;大部分要到药市去买,因为本地不可能生产全部的常用中药,必须"一方吃全国"。藏药则不同,大部分靠藏医自己采集。然后捡净、修治、晒干备用。现代藏医医院药材消耗量很大,不可能全部靠医生自己去采,于是各处都设有藏药门市部为藏医医院提供药材,或者由药材产地提供药材。

由于藏药多粉剂、丸剂,因此十分注意加工炮制。加工炮制,除了修治、粉碎、糅合、炼制以外,起到去毒、去锈、增效的作用。藏药中有一些矿物药,含有重金属或其他毒性,需要反复提炼,减少或去除其毒性。七十味珍珠丸的制作过程,就很有代表性。

珍宝药——七十味珍珠丸

晾晒好的七十味珍珠丸

七十味珍珠丸是藏医药的一个经典名方,也是治疗脑血管疾病、脑中风后遗症、神经系统疾病的重要药物,是藏药珍宝药类的代表性品种。七十味,表示它由七十种药材制成。这是藏药命名的一个特点,即把方剂中药材数量作为药品名称的一部分,并标出一味主要药材,既反映药品特点,也便于医生记忆,比如二十五味松石丸、二十五味珊瑚丸等。不过像七十味珍珠丸这样庞大的组方是不多见的。

七十味珍珠丸采用传统水丸剂型,成分包括一些重金属矿物药如黄金、水银、玛瑙、绿松石等,还有动植物药如珊瑚、珍珠等。目前,这个药是国家保护药物品种,方剂和制作工艺的关键部分是不公开的。

七十味珍珠丸最原始的出处是藏医药经典著作《四部医典》。《四部医典》藏名《居悉》,又译《医方四续》,由8世纪的藏医学家宇妥·元丹贡布编撰。这部医学名著继承藏族古老的医学经验,吸收印度阿育吠陀医学理论框架,参考中医学、大食医学等医学成就编著而成。《四部医典》里面记载的是二十五味珍珠丸,叫"萨增尼阿",可以说是七十味珍珠丸的基础方,经后代医家不断地钻研和改进,发展成七十味珍珠丸。

七十味珍珠丸是珍宝药。什么是珍宝药?顾名思义,就是非常珍贵如同宝贝一样的药品。藏语里称珍宝药为仁波切,仁波切就是特别稀罕、特别宝贵的意思。第一,珍宝药的用料比较珍贵,比如金子、宝石这些贵重稀缺药材;第二,组方大,药材多,配齐的难度大;第三,治疗的病种比较疑难,一般的病是不用珍宝药的。在《四部医典》的"药物篇"里,珍宝药是放在最后论述的。因为某些疾病经过一般治疗,治到最后,实在没办法,感觉特别疑难或危重,才会考虑珍宝药的使用。

七十味珍珠丸的功效比较广泛,除了可以治疗一些疑难病,比如瘫痪、中风、心血管病等,平时也可作为保健药服用。有些藏族老人,七天到一个月服一粒,以增强体质,预防心脑血管、神经系统疾病等。但这药最好按照医生的指导服用。

在古代,藏医解剖人体时,在肉眼观察下发现了神经和血管。他们把神经称为白脉,把血管称为黑脉。于是,他们把人体的经脉分为白脉和黑脉。白脉泛指神经系统,黑脉泛指动脉、静脉及整个血液循环系统。七十味珍珠丸主要对症的是白脉病,就是神经系统的功能障碍或病理损害,像神经痛、神经麻痹等。当然,它对心血管疾病、脑血管疾病也有非常好的疗效。

七十味珍珠丸药味多,制作难度大,一般个体医生是制作不了的。只有曼巴扎仓(藏医经院)才有能力制作。当病情非常复杂或危重时,曼巴扎仓的曼巴(医生)

才会给病人一粒七十味珍珠丸。

什么是曼巴扎仓？曼巴扎仓是藏传佛教寺院内专门开设的藏医经院。曼巴是医生，扎仓是经院，曼巴扎仓是一个培养藏医的教育机构，也是一个高级的临床机构。七十味珍珠丸制作工艺复杂，生产难度大，一次制作要投入几十人，一次制作时间可能长达三到五年，一次生产量可能就几百或上千粒，产量少，药昂贵，因而个体医生难以完成，只有曼巴扎仓这样的医学机构才能制作，也才有权利投产应用。据说，过去一粒七十味珍珠丸能换一匹马或一头牦牛，只有上层贵族吃得起。人们对这个药非常崇拜，把它比作珍宝。

当然，现在不一样了，随着国家对民族医药的支持，很多珍宝药可以规模化批量生产，老百姓也随时都能买到，只不过价格比普通药要贵很多。

减毒增效的赛太炮制技艺

藏药制作丸药首先要把药材粉碎。不论是矿物药里的金子、水银、玛瑙、绿松石等，还是植物类草药如大黄、绿绒蒿、龙胆草等，都要打成粉末。其特殊工艺是"佐太"和"赛太"。"佐"指的是水银，"赛"指的是金子，"太"指的是灰。水银和其他药材一起炮制成灰，这个过程叫佐太。金子炮制成灰，这个过程叫赛太。它们是非常经典、非常精密的藏药炮制技术，一般都是秘传。在制作七十味珍珠丸过程中，有个特别关键的工艺环节就是"赛太炮制"，即把黄金变成灰。这个技术难度比较高。所以，即使《中国药典》也没有公开其制作工艺。这就是国家行政层面实施"保护品种"的原因。

赛太工艺从古代传下来，经过先人不断尝试，一代一代成熟起来。首先把黄金压成金箔，去锈，然后泡到藏酒当中，用硼砂和碱花一起煮，最后磨成灰。所有的金属、矿物、草药变成灰后，再按照一定的比例配制，做成七十味珍珠丸。2008年七十味珍珠丸赛太炮制技艺列入第二批国家非物质文化遗产代表性项目名录。

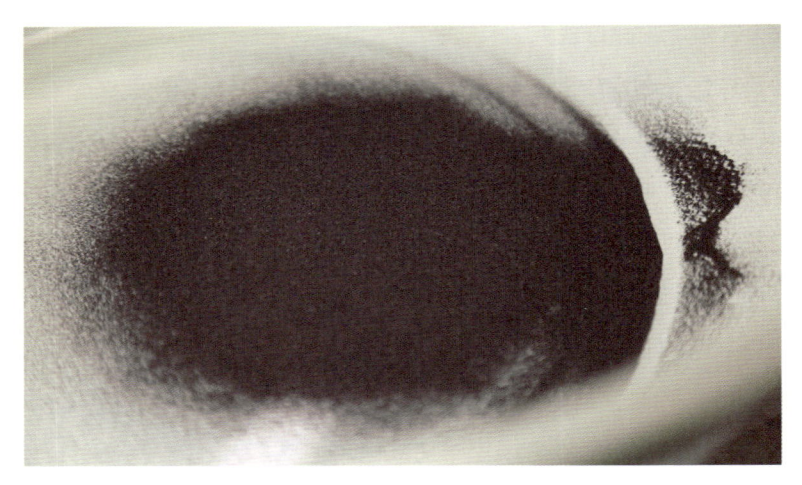

赛太（金灰）

  同时必须说一说佐太。佐太既是藏药的一种制作技艺，也是珍宝药里的重要成分。这个成分，由八种金属、八种矿物，加上一百多种草药，用水银提炼得到。提炼过程很长，容易发生中毒事故，必须按规程操作，注意个人防护。

  我们为什么要特别重视佐太和赛太？因为它们既是藏药的特殊制作技艺，又是藏药高超的减毒增效技能。现在的药品管理体制是现代药学的管理体制。西药由化学成分组成。药品成分里一旦有汞（水银）、砷（砒霜）、铅这些有毒物质都避开不用。我们的传统医药，一切以有利于疗效和健康为标准，有的就算含有汞、金、砷的成分，经过一定的炮制和处理以后，也能够入药，能够治病，这是传统医药非常了不起的创造精神。

措如·次朗大师

  提到佐太、赛太制作技艺的传承发展，就一定要提措如·次朗大师。措如·次朗1926年生于西藏自治区江达县（过去属于四川德格地区），2004年在北京逝世。

措如·次朗大师的人生经历跌宕起伏,非常丰富。他从小在江达的措如寺学习,寺院里的老藏医给他教授佛学和藏医知识。江达县离四川省甘孜藏族自治州德格县很近,历史上,德格、江达在行政区划上多次分合交错,但同属康巴藏族文化圈。德格是南派藏医的重要发源地,那里有著名的德格印经院,印制大量藏文经典,传播极为广泛。措如·次朗生性聪慧,又勤奋好学。他后来去拉萨游学,又到印度读书,医学造诣更深。作为高僧大德,他医德高尚,医术高明,享誉四方。青藏高原地域辽阔,各地之间山高路远,交通不便,非物质文化遗产传承困难。佐太、赛太的炮制技艺,在一个时期内或部分失传,或中断生产。措如·次朗凭着他的学识和记忆,恢复了佐太、赛太的炮制技艺,对七十味珍珠丸等珍宝药的恢复生产,功不可没。

改革开放以后,措如·次朗担任西藏自治区藏医学院院长。1997年中国民族医药学会成立的时候,他当选为副会长。措如·次朗编了一本书,叫《四部医典大详解》,把《四部医典》这部经典做了很好的解释和引用,其中有一个很重要的部分,就是对藏药传统工艺的继承。七十味珍珠丸经过他的发掘和整理,恢复了生产。现在不光西藏自治区有生产,云南省、青海省也有生产。

传承人桑杰

桑杰是国家级非物质文化遗产代表性项目藏医药(七十味珍珠丸赛太炮制技艺)国家级代表性传承人。

桑杰是青海省著名藏医,他出生于青海省海西蒙古族藏族自治州,是蒙古族人。青海的海西州柴达木盆地是蒙古族、藏族聚居的地方。蒙医和藏医有着深厚的历史渊源,属于同一个医学体系。桑杰开始学的是蒙医,后来转到藏医,再后来他有机会去北京中医学院(今北京中医药大学)学习,接受系统的中医教育。学成回来以后,他被分配到青海省海西州蒙藏医院工作,再调到青海省藏医院,后来担任了青海省藏医院院长。1980年以前,青海省每年从拉萨购买七十味珍珠丸,按比例分配给医师使用,每人大概分得两三粒,很是珍贵。20世纪80年代,桑杰到青海省藏医院工作,就想让青海省也能自主生产七十味珍珠丸。1987年,桑杰专门去西藏把措如·次朗大师请到青海,办藏医学习班。措如·次朗把佐太、赛太炮制方法、七十味珍珠丸制作工艺流程,一步一步、从头到尾传授给青海省的藏医同道。藏医学习班结束后,又先后在青海省黄南藏族自治州、青海省河南蒙古族自治县办班培训。就这样,从1988年开始,青海省所有的藏药珍宝药都可以自主生产了。所以,桑杰对于七十味珍珠丸赛太炮制技艺在青海的传承、发展,起到了十分重要的作用。他成为国家级非物质文化遗产代表性项目藏医药(七十味珍珠丸赛太炮制技艺)国家级代表性项目传承人,并非偶然。

桑杰在临床工作的同时,致力于藏药炮制技艺规范化的研究。

大家知道,传统医药的制药有自己的一套经验和理论,明明知道这是有毒药物,但不是轻易否认它的毒性,而是知毒用毒,用加工炮制来去除它的毒性。不仅去掉了毒性,还提高了疗效,这叫去毒增效。明知其有毒而利用其毒,这是中医学和民族医学非常了不起的一个学术观念。这不是回避矛盾,而是善于解决矛盾。古人说:"四时之化,万物之变,莫不为利,莫不为害。"(《吕氏春秋·尽数》)关键在于怎么去用它。随着现代科学的发展,药品管理方面对有毒物质的使用及毒性的检测要求越来越严格,我国药品监督管理部门也一直注意传统药物的分析研究。所以,传统医药的实践经验与现代科学技术规则的关系,需要非常谨慎、辩证地来对待。传统医药要规范,要与国际接轨,但不能削足适履,不能否定我们自己的宝贵经验和求索精神。特别是藏药里面含有重金属的药,多年的使用经验告诉我们,病治好了,人也并未中毒,这是实践检验出来的真知。桑杰和他的团队非常注重这一点。

第二十讲　七十味珍珠丸赛太炮制技艺

黄金煅烧成功后开心的桑杰老师

无论是措如·次朗，还是桑杰，他们保护、传承七十味珍珠丸不是为了自己的名利，而是因为内心装着病患，希望能够更好地救治病人，也为了更好地继承发展民族传统医学。他们身上体现了医者应有的品德，也是藏医的医德。

藏医医德

在藏医传承教育中，除了考察医疗业务能力，也很重视医生的思想品质和为人处事方式。藏医的医德跟藏传佛教的信仰有密切联系。《四部医典》专门有论述医德的章节，要求对病人一视同仁，不分贫富，不看身份、地位，不看长得漂亮不漂亮，都要以善心、怜悯心、同情心待之，这与中医大医精诚的理念是一致的。藏医的医德传统强调，作为一名医生，不应该视病人的脓血、粪便为秽物，应秉承一颗慈悲

273

心，平静地对待这些脓血、粪便，并能从中分辨出病因。譬如，医学诊断中有一种尿诊，西医用仪器化验尿液；中医"一问头身二问便"，会问小便清利不清利，黄赤不黄赤；藏医更重视尿诊，病人排尿以后，藏医要看尿的清浊、尿的颜色、尿的沉淀物，测尿的温度，闻尿的气味。医生要深入地了解病情，对病人的生活状况和疾病症状要体验到这等程度。还有些患者比较穷，看不起病，藏医给穷苦人免费看病，代付医药费，甚至招待他们住在自己家里。措如·次朗、桑杰都经常这样做。

虽然这里主要谈论的是七十味珍珠丸赛太炮制技术，但其实它不仅是一个技术，也是心灵上的一种修行。七十味珍珠丸治疗了很多病人的伤痛，也是对大自然馈赠的一种回报。传统医药沿着先人的足迹，一步一步地向前行进。北京同仁堂有一句话："修合无人见，存心有天知。"这句话很能概括行医、制药者对天的敬畏、对天的承诺、对心的制约、对人的慎独。其实不仅是医者，我们每一个人都需要抱有一颗俯仰无愧于天地的心，来对待事业、对待生活、对待众生。

公开课主讲人诸国本与主持人耿晓迪合影

（整理者：诸国本）

后记

本书的主要内容来自2020年国家图书馆中国记忆项目中心推出的系列微信文章和公开课程，我们事先并无结集出版的计划，承蒙天津人民出版社各位老师的肯定与鼓励，才有了出版此书的想法。

时隔三年，此书即将付梓，我们谨借此机会，表达我们的感谢。

首先，感谢文化和旅游部非物质文化遗产司的各位领导和同志对我们的信任与支持，让我们有机会参与非遗记录工程的相关工作，一方面让我们履行了图书馆人"传承文明，服务社会"的职责，另一方面也让我们开拓了视野、积累了经验、提升了水平。

其次，要感谢全国参与非遗记录工作的各位国家级非遗代表性传承人、非遗保护工作者、记录团队工作人员和学术专员，是他们共同的坚守与奋斗，才让众多的非物质文化遗产得以记录与文献化保存，使之传于当代，留于后世。有些传承人甚至在人生的最后阶段，竭尽精力配合记录工作的开展，并将此工作视为对国家和民族的最后贡献。

再次，要感谢多年来大力支持、悉心指导此项工作的各位验收专家，是他们高超的学术水平和严谨的治学态度，对每一年的成果验收严格把关，保证了记录成果的学术水平与文献价值。他们是诸国本、樊祖荫、周嘉华、蔡源莉、周传家、常祥霖、邓启耀、周元、梁力生、麻国钧、孙建君、

张庆善、王贵祥、王连海、刘文峰、周青青、蔡华、张振涛、柳长华、傅谨、张刚、张瑞贤、周剑石、杨源、梁远、罗红光、王建民、崔乐泉、杨阳、冯立昇、张荣、高丙中、吴文科、田艳军、全根先、林继富、苏荣誉、单万里、庞涛、高振宇、王锦强、史建桥、郑茜、鲍江、安德明、甄艳、李东晔、韩雯、张延庆、王甝、宋歌、宋本蓉、邓雪晨等。除以上参与国家图书馆组织的国家层面复查工作的专家外，还有更多的学者专家参与了各省组织的验收工作，此处憾无法具名，恳请谅解。

最后，要感谢天津人民出版社和百花文艺出版社的各位领导和编辑。在本书的编辑、整理和出版过程中，我们得到他们的大力支持，同时也钦佩他们的职业精神与业务水平。此书的出版是大家共同努力的结果。

向上述各位致以崇高的敬意和诚挚的谢意！

参与前期系列微信文章和公开课程撰写和摄制的，是国家图书馆中国记忆项目中心的各位同事。除在书中各部分出现署名的同事之外，还有很多位同事虽未见署名，但同样倾注心力，功不可没。他们是汤更生、丁曦、安载良、赵亮、燕蓓、耿晓迪、陈都、胡楷婧、李扬、孙诗雨、刘世元、李想等。

书中所呈现的，并不是记录工作的直接成果，而是基于工作成果的揭示、讲解与讨论，且仅涵盖了非遗记录工程成果的很少一部分。2018年，国家图书馆设立了非遗记录工程——国家级非遗代表性传承人记录工作网站，逐年发布优秀成果综述片。今后，我们还将加强成果的发布力度，努力扩大传播效能，将会有更多的非遗记录成果在网站上与公众见面。网址为：

ich.nlc.cn

由于编者水平有限，书中难免有错漏不妥之处，敬请读者批评指正。

国家图书馆中国记忆项目中心
2023 年 6 月